기도의 집을 세우라

기도의 집을 세우라

박호종

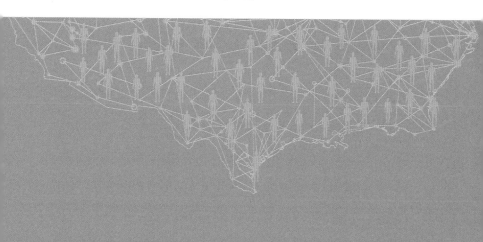

규장

박호종 목사는 기도의 사람이다. 그의 목회는 기도의 능력을 경험해 가는 연속선상에 있다. 놀랍게도 그가 경험한 기도의 능력은 기도를 통해 문제가 해결되거나, 목회의 돌파구를 찾거나, 주신 말씀에 대한 순종으로 얻게 된 부흥이 아닌 기도 그 자체이다. 기도할 수 있는 것 자체가 이미 가장 큰 기도의 능력임을 아는 그는 하나님께서 말씀하신 기도의 집을 세워가는 과정을 통해 생생한 하나님의 역사를 이야기하고 있다.

특히 신학생들에게 이 책을 추천한다. 목회는 기도를 통해서만 가능하다. 말씀은 기도만큼 열리며, 예배는 기도만큼 하나님의 영광을 경험하게 된다. 그 어떤 목회의 방법들이나 다양한 프로그램들도 기도를 대체할 수 없다. 기도는 하나님을 사랑하는 시작이며, 그분의 뜻이 이 땅에서 이루어지는 완성이기 때문이다. 이 책이 기도를 통해 영광을 받으시고 우리를 영화롭게 하시는 하나님의 마음을 알게 하며, 기도의 집을 함께 세워감으로 그 능력을 경험하게 하는 귀한 통로로 쓰이기를 축복한다.

임석순 한국중앙교회 담임목사

이 책을 쓴 박호종 목사는 교회와 교회의 성도들을 향해 기도의 집이 될 것을 도전한다. 교회가 '중보적인 몸'(intercessory body)이라는 그의 메시지는 매우 중요하다. 이는 자신의 유익을 위해서가 아닌 다른 이들의 필요와 그리스도의 몸 된 교회들과 나라와 사회와 예수 그리스도를 모르는 자들을 위해 기도하는 것이다. 박 목사가 이 기도의 부르심을 받아 기도의 깃발을 높이 들어주어 정말 감사하다.

벤 토레이 예수원 대표, 삼수령 추진본부장

박호종 목사는 오늘날 세계적으로 인정받는 기도 운동 리더 중 한 사람이다. 하나님께서 한국뿐 아니라 열방에 기도의 영을 풀어놓을 수 있는 하나님나라의 열쇠를 그에게 허락하셨다고 나는 믿는다. 이 책을 읽는 동안 이 안에 담긴 주님의 은혜와 지혜를 흠뻑 누리게 될 것이다.

밥 소르기 목사, 찬양인도자

이 책은 교회의 본질을 이야기하며 교회의 회복을 선포하고 있다. 기도할 때 교회는 교회다워지고, 성도는 성도다워진다. '기도의 집'인 교회는 세계선교를 위해 기도해야 한다. 그리고 "쉬지 말고 기도하라"라는 말씀을 따라 지속적으로 기도해야 한다. 개인은 주야로 기도할 수 없지만 공동체는 그렇게 기도할 수 있다.

이 책은 한국교회의 출구가 성경의 교회에 대한 정의대로 기도의 집에 있음을 깨닫게 한다. 주님을 뜨겁게 사랑하는 교회는 자연스럽게 기도의 집으로 세워지게 된다. 저자는 교회가 어떻게 기도의 집으로 세워질 수 있는지 체험한 것을 통해 잘 설명하고 있다.

이용희 에스더기도운동본부 대표

교회는 신부의 영성(성결)과 군대의 영성(만군의 여호와의 군대이며 그리스도의 전사, Militia Christi)을 동시에 지녀야 한다. 이런 영성으로 무장한 교회를 서울의 강남 한복판에 세우는 이들이 있다. 바로 한국 기도의 집(KHOP)과 더크로스처치(The Cross Church)이다. 그 중심에는 박호종 목사가 있다.

사역자들의 심령에 기도의 불이 꺼져버린 이 땅에, 만민을 위해 기도하는 집과 하나님나라를 세워가는 그의 깊고 연륜이 더해진 간증과 설교가 이 책에 가득하다. 생동감 넘치는 기도와 교회생활을 갈구하는 성도들과 그런 기도하는 집과 교회를 동시에 세우기를 갈망하는 주의 종들에게 일독을 권한다.

장동수 침례신학대학교 신약학 교수, 평생교육원·목회연구원 원장

기도의 **집**이
세워지기까지

놀라운 광경

'한국 기도의 집'(KHOP)은 다윗의 장막의 영성, 즉 기도와 예배, 말씀과 예배, 기도와 말씀이 끊어지지 않는 곳이다. 이는 세계에서 세 번째, 아시아에서는 유일하다. 현재 풀타임, 파트타임, 협력과 지원스태프를 합하여 약 120-130명의 예배자가 하루 3교대로 24시간 멈추지 않는 기도와 예배를 드리고 있다.

지금 우리는 아시아 지역 기도의 집의 중심 리더십을 감당하고 있다. 매년 수십 명의 아시아 지도자들이 한국 기도의 집을 방문하여 훈련과 견학을 하고 있다.

또한 일본, 태국, 필리핀, 인도차이나를 비롯한 전 세계 60여

곳에 기도의 집과 기도하는 교회(교회와 기도의 집을 하나로 믿는 교회들)들이 세워지는 것을 멘토링하고 있다. 우리는 기도의 집 중심의 선교를 한다.

나는 2008년에 미국에서 24/7(24시간 7일) 기도의 집을 처음 보았다. 순간, 큰 충격과 함께 거룩한 시기심이 올라왔다. 수천 명의 젊은이들이 인생의 한때, 혹은 전부를 하나님 앞에 내려놓고 나라와 열방을 위해, 예수님의 다시 오심을 위해 기도와 예배에 집중하는 모습이 정말 경이로웠다.

이 운동이 1980년대 한국교회의 뜨거운 예배를 보고 소원을 품은 사람들에 의해 시작되었다는 이야기를 듣고 더욱 마음에 부담이 되었다. 더욱이 지금의 조국교회의 현실을 생각하니 가슴이 미어졌다.

수년 전만 해도 해외의 집회나 기독교 모임에서 외국 사역자들이 한국 사역자를 만나면 이렇게 묻곤 했다.

"기도의 산에 가보았는가? 오산리 기도원을 아는가? 당신도 물만 마시는 금식기도를 수십 일 동안 해보았는가?"

그러나 요즘은 한국에서 왔다고 하면 웃음을 지으면서 "강남 스타일을 아는가?"라고 물으며 양팔을 흔들며 춤을 선보인다! 가슴 아픈 우리의 모습이다.

만민이 기도하는 집을 꿈꾸다

미국에서 목격한 기도의 집은 너무나 웅장하고 강력해서 감히 시작할 엄두를 낼 수 없었다. '저들은 어쩌다가 많고 많은 사역 중에 이렇게 힘든 사역을 하게 되었을까?' 하는 마음마저 들었다. 그러다가 이 일을 먼저 시작한 한 사람이 떠올랐다. 예배에 미쳤던 왕, 예수님을 사랑하기에 미치광이라는 소리를 들었던 왕, 다윗이었다.

'이것이 다윗이구나! 이것이 위대한 왕국의 비밀이구나!'

큰 감동과 깨달음이 왔다. 나는 이 일을 가슴속에 품었다. 그러나 한편으로는 '이것은 아무나 할 수 있는 일이 아니다. 한 나라나 도시에 기도의 집이 하나쯤 있으면 좋겠지만…' 하는 생각이 들었다.

그때 나를 일깨우는 것이 있었다. 다름 아닌 교회의 모습이었다. 나는 기도의 집에서 교회를 보았다. 기도하는 교회, 기도가 중심이 된 교회, 심장이 멈추지 않고 뛰어 피를 뿜어내는 교회가 보였다. 내가 늘 꿈꾸던 교회의 모습이 기도의 집에서 보이기 시작했다.

기도가 중심이고 전부였던 초대교회의 환상이 그곳에서 성취되고 있었다. 내가 어렸을 때만 해도 많은 교회의 본당에 "내 집은 만민을 위하여 기도하는 집이라", 혹은 "내 집은 만민이 기도하는 집이라"라는 글귀가 큼직하게 붙어있었다. 그 부르심을 회

11

복한 교회, 아버지께서 머무시는 집인 교회에 대한 갈망이 그곳에서 성취되고 있었다.

기도의 집의 시작

2009년 3월, 봄 새벽기도회가 특별한 부흥의 영으로 충만하여 연장에 연장을 거듭하다가 21일 작정이 50일을 맞이한 마지막 날이었다. 나는 고함치듯 선포했다.

"이제 이 교회는 기도의 집이 될 것입니다. 만민이 기도하는 집이 될 것입니다."

무엇에 사로잡힌 듯 선포해놓고 정신을 차려보니 전 교인이 내 얼굴을 보면서 '뭐지?' 하는 표정을 짓고 있었다. 나는 그 모습을 더 볼 수가 없어 고개를 숙이고 목양실로 도망하듯 달려 들어갔다. 요란스런 구두 소리를 내며 뒤따라 들어온 아내의 목소리가 내 뒤통수를 쳤다.

"부임한 지 얼마 안 됐는데, 감당도 못할 비전을 함부로 선포하면 어떻게 하겠다는 거예요?"

나는 "몰라! 예수님이 하시겠지" 하고 버럭 소리를 쳤다.

그 후 우리는 성경을 연구하고 기도의 집에 대해 공부하며 탐방을 다녔다. 시간은 금세 지나가 어느덧 연말이 되었다. 무엇이든 시작해야 했다. 더 이상 뒤로 미룰 수가 없었다. 선포한 비전에 순종해야 했다. 그래서 먼저 기도의 집을 설명하는 부흥회를 열었다.

그리고 집회 후에 다윗처럼 예배할 사람은 누구나 헌신할 수 있다고 선포했다. 바이엘이든 체르니든 피아노 레슨을 받아본 자는 누구나 반주자가 될 수 있다고 했더니 교회 안의 자매님들이 다 몰려왔다. 그들은 "내 평생에 이 실력으로 교회에서 반주를 하게 될 줄 몰랐다"라며 너무나 기뻐했다.

교회의 본당이 200여 석 정도여서 그곳을 기도실로 선포했다. 이후 본당은 피아노에 한 맺힌 자매님들의 경연장이 되어버렸다. 그래서 6개월 정도는 교회에 와서 기도하는 것이 오히려 더 힘들었다. 예배인지 공연인지 피아노 연습시간인지 모를 분위기 속에서 오래 인내하며 앉아있어야만 했다.

그러나 시간이 지나면서 거품이 빠지기 시작했다. 그들 중 몇몇은 예배자가 되었고, 몇몇은 예배를 알아갔으며, 몇몇은 그만두고 바람처럼 사라져버렸다. 24시간 대부분 아무도 없는 텅 빈 예배당에서 오직 한 분의 청중, 오직 한 분 예배의 대상께 예배해야 하는 고독하고 조용한 시간들은 참 예배자와 연주자를 가려주었다.

어떤 이는 사람이 없는 시간에 자기를 반주자로 배정했다며 바꿔달라고 요청했다. 그의 말대로 해주었더니 그나마 있던 청중들이 그 시간에 기도가 힘들다고 옮겨 가서 또다시 빈 공간이 되었다. 또한 몇몇은 시험이 들어 교회를 떠나기도 했다.

이 시기에 헌신자들은 시편 27편 4절, 다윗의 고백을 자신의 고백으로 올려드릴 수밖에 없었다. 몇 명 되지 않는 헌신자들과 사역자들이 청중이 없는 대부분의 시간에 몇 시간씩 예배하며 자리를 지켜야 했다. 그러나 이때가 큰 은혜의 시간이었다.

"내가 여호와께 바라는 한 가지 일(one thing) 그것을 구하리니 곧 내가 내 평생에 여호와의 집에 살면서 여호와의 아름다움을 바라보며 그의 성전에서 사모하는 그것이라"(시 27:4).

이 말씀을 체험하는 축복의 시간이었다.

레위지파와 유다지파가 일어나다

이 시기에 신비하고 놀라운 일들이 많이 일어났다. 예수님과 초자연적인 만남이 있었고, 치유와 천상의 예배를 경험하는 이들도 생겼다. 이를 통해 삶을 모두 내려놓고 구약의 레위인들처럼 이 일에 평생을 드리기로 고백하는 젊은 예배자들과 중보자들이 일어났다.

어떤 이들은 인생의 목적을 발견하기도 하고, 새로운 부르심과 비전을 받기도 했다. 지금까지 말로 다할 수 없는 간증들이 쏟아지고 있다. 그 중에 하나는 이미 한 기독교 매체를 통해 소개된 바가 있다.

한 여 집사의 사업가로의 헌신이었다. 그 자매는 실패와 아픔과 낙망으로 하루하루 별 의미 없이 살아가고 있었다. 기도의 집이 자매에게 쉼과 안식의 공간이 되어가던 어느 날, 하나님은 그녀에게 사업을 시작하라는 강한 음성을 주셨다. 그래서 레위인들(찬양과 예배에 평생을 드리기로 헌신한 예배자들과 중보기도 선교사)을 먹이라고 하셨다.

그녀는 그 음성에 순종하여 사업을 시작했다. 아주 작게 시작한 그 회사가 지금은 국가 브랜드 1위를 달리며 불황에도 기적을 일구어내면서 많은 사역자를 먹이고 있다.

그때 십여 년간을 예배자로 살아왔던 한 뮤지션이 같은 음성을 듣고 사업에 뛰어들었다. 하나님의 놀라운 부으심으로 한 번도 사업을 해본 적 없는 그가 업계의 신동 소리를 들으며 승리하고 있다.

지금은 여러 믿음의 기업들이 이 비전을 돕고 있다. 하나님께서 다윗과 오벧에돔처럼 기적을 경험하며 레위인들을 섬기고 먹이는 기업인들을 일으키시며 축복하고 계신다. 우리는 이들을 '유다지파들'이라고 부른다. 유다지파였던 다윗이 레위인을 먹이고 지켜준 것을 모방한 표현이다. 그는 레위지파가 아니었으나 예배자이며, 주의 집에 살기를 사모했던 자였다.

또한 기도의 집에서 동성애의 치유가 여러 번 일어났다. 이미 언론에 공개된 놀라운 간증이기에 소개한다. 음란의 중독과 미혹에 빠져 아무리 발버둥을 쳐도 벗어날 수 없던 한 형제가 기도의 집을 찾아왔다. 질병까지 얻어 죽어가던 그가 소망 없고 저주스럽던 삶을 기도의 집에 던지면서 기적이 일어났다.

그에게서 동성애가 끊어지고 질병이 치유되며, 정상적인 결혼생활도 하게 되었다. 또한 그는 평생을 예배자로, 기도의 집의 선교사로 살기로 헌신했을 뿐 아니라 동일한 죄로 죽어가는 영혼을 살리는 사역까지 하고 있다.

지금 기도의 집은 우리에게 교회이며, 아버지의 품이고, 베데스다 연못이 되고 있다. 육체의 질병뿐 아니라 영혼의 질병이 치유되고 하나님나라가 임하는 현장이다.

새 술을 새 부대에

이렇게 놀라운 일들이 일어나고 있음에도 불구하고 갈등이 일어나기 시작했다. 우리는 다음세대들을 '여호수아 세대, 신부의 세대, 마지막 때의 군대'라고 불렀다.

이들은 자연스럽게 교회의 성인 그룹 일부와 충돌했고, 타협적인 절충과 변화를 강요받게 되었다. 결국 교회 안에 내재되어 있던 문제들이 표면적 명분이 되어 교회가 혼란케 되는 일들이 발생했다.

수년간의 갈등 끝에 '기도의 집과 교회가 하나'라는 비전을 품고 있으며, 다음세대에 목숨을 걸고 마지막 때의 교회로 살기를 사모하는 성도들과 스태프들이 새 기도 장막을 두고 기도하기 시작했다. 그리고 기도의 집과 교회가 완전히 하나 된 교회

16

로 새로운 출발을 하기에 이르렀다. 그것이 현재 서초동에 위치한 한국 기도의 집이고, 더크로스처치(The Cross Church)이다.

당시는 아픔이었으나 지나고 보니 하나님께서 하신 위대한 일이었다. 교회의 새로운 모델을 만드시고 마지막 때를 살아갈 교회를 준비시키시는 위대한 역사였다.

기도의 집 운동은 새로운 부대이고 새로운 술이다. 또 다음세대를 살리는 아주 강력한 운동이다. 이 기도의 집은 마지막 때에 예수님의 오실 길을 준비하는 세대를 세우는 교회이다.

기도의 집으로서의 교회, 교회로서의 기도의 집에 온 사람들은 변화되기 시작한다. 기도하기 시작한다. 기도하기 시작한다는 것은 단순한 일이 아니다. 신앙의 본질이 회복되며 영이 깨어나 생명력 있는 신앙인이 되는 것이다.

기도의 집의 가장 큰 의미는 모든 세대가 한 영으로 기도하는 문화가 만들어지는 데 있다. 기도가 종교적 의무나 행위가 아니라 삶의 스타일이 된다. 산에 가서 나무를 뽑으며 기도하던 문화가 삶의 중심으로 바뀌는 것이다. 슈퍼마켓이 우리 삶의 한가운데 있듯이 기도실이 우리 삶의 중심에 있게 되었다.

신앙생활의 본질이 무엇인가? 공부인가, 지식인가? 의식인가, 종교인가? 행위인가, 도덕인가? 이 전부일 수 있다. 그러나 가장 근본적인 것은 하나님을 뜨겁게 사랑하고 그분의 계명을 순종함으로 그분과 동행하는 것이다.

마지막 선교의 완성을 준비하며

2017년, 종교개혁 500주년 기념의 해에 우리는 '예수님의 성전 개혁과 성전의 성화 사역'이라는 마태복음 21장 12절 이하의 선언을 깊이 주목해야 한다. 예수님이 말씀하신 "내 집은 만민이 기도하는 집"이라는 선포가, 본질과 정체성을 잃어버려 빛이 바랜 교회가 회복해야 할 신비이며 비밀일 수 있다.

기도의 집 교회의 수많은 표현과 정의 중 가장 성숙하고 완성적이며 총체적인 것이 '신부'이다. 요한계시록의 완성된 교회의 모습이다. 그렇다면 교회의 신부 됨을 어떻게 표현하고 실재화할 것인가? 그것이 바로 기도의 집으로서의 교회이다.

우리는 교회의 본질을 회복하는 사역에 헌신했고, 예수님이 이일을 시작하셨다. 교회는 이 선포를 어떻게 완성할 것인가? 예수님은 복음이 땅 끝까지 전파될 때 다시 오신다고 하셨다. 그 부흥의 주체는 누구인가? 교회인가, 개인의 삶인가? 아니다. 마지막 때의 추수의 주인은 '하나님 아버지'이시다.

성경은 분명히 "추수하는 주인에게 청하라"라고 말씀한다(마 9:38). 추수하는 주인이 일꾼을 준비하고 삯도 주신다. 그러므로 구하라고 하신다. 마지막 선교의 완성의 열쇠는 강력한 기도 운동이며 기도하는 교회를 세우는 것이다. 그때 하늘의 아버지, 추수의 주인께서 완성하실 것이다.

| 감사의 글 |

이 땅의 교회들을 기도의 집으로 깨우시는 아버지 하나님의 열심에 감사와 영광을 돌린다.

그것을 글로 담아 이 땅의 소리가 되도록 격려해준 규장에 감사를 전한다. 또한 바쁘신 중에도 책 전체를 꼼꼼히 살펴 신학적 조언과 격려를 주신 나의 멘토, 임석순 목사님과 장동수 교수님께 큰 감사를 드린다.

이 책의 실제 이야기가 되어준 기도의 집 중보 선교사들, 그리고 그런 삶을 살아내도록 함께 그 일부가 되어준 사랑하는 아내와 가족, 영적 가족들에게 첫 책을 통해 깊은 감사를 전한다.

박호종

프롤로그

1 PART 기도의 집의 의미

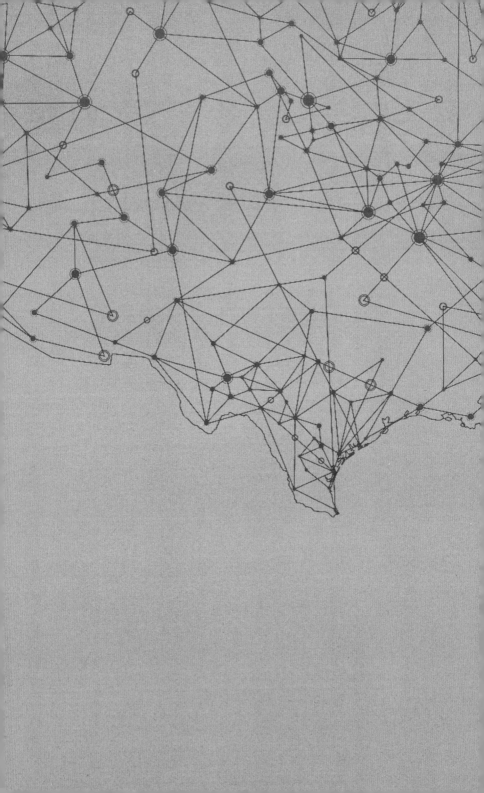

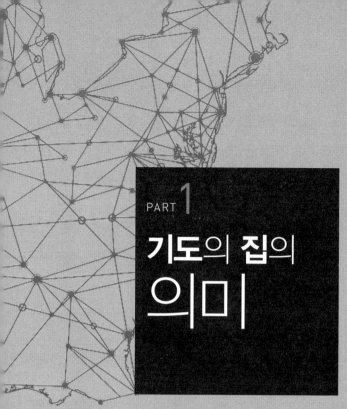

PART 1

기도의 집의
의미

기도하는 교회, 기도가 중심이 되는 교회, 기
도가 심장의 역할을 하는 교회에는 생명력과
본질의 회복이 일어난다. 교회는 창세기부터
요한계시록까지 기도하는 집으로의 부르심을
가지고 있다. 교회와 기도의 집은 하나이다.

CHAPTER 1

교회인가,
기도의 집인가

내가 곧 그들을 나의 성산으로 인도하여
기도하는 내 집에서 그들을 기쁘게 할 것이며
그들의 번제와 희생을 나의 제단에서
기꺼이 받게 되리니
이는 내 집은 만민이 기도하는 집이라
일컬음이 될 것임이라

사 56:7

그들에게 이르시되
기록된 바 내 집은 기도하는 집이라
일컬음을 받으리라 하였거늘
너희는 강도의 소굴을 만드는도다 하시니라

마 21:13

오늘날 하나님께서 전 세계적으로 그리스도의 몸 가운데서 행하시는 놀라운 일이 있다. 그것은 다윗의 장막의 회복과 기도의 집 운동이다. 예수께서 말씀하신 "내 집은 만민이 기도하는 집이다"라는 선포를 성취하고 계신다.

현재 전 세계에 다윗의 장막으로서의 정체성을 가진 기도의 집 또는 기도하는 교회가 2~3만 개 정도 세워져 있다. 열방의 크리스천 지도자들은 이 현상에 반응하고 있고, 어떤 형태든 연결되어 있다. 이는 누군가가 만들어낸 유행이 아니라 하나님의 음성을 듣고 반응한 것임을 알 수 있다. 이 운동은 현재 수많은 나라에서 일어나고 있다.

"내 집은 만민이(혹은 만민을 위하여) 기도하는 집이다"라는 예수님의 선포가 실재가 되고 있다. 오늘날 전 세계적으로, 가장 짧은 시간에, 가장 빠른 속도로, 가장 광범위하게 확장되고 있는 이 운동의 의미는 무엇인가? 예수님은 무엇을 하고 계시며, 무엇을 말씀하고 계시는가?

우리가 주님의 강권하심으로 이 사역을 시작한 지 8년이 되었다. 우리는 하나님의 은총과 붙드심으로 24시간 주야로 멈추지 않는 기도와 예배를 드리고 있다. 그 기간 동안 하나님께서 주신 기적과 은혜는 이루 말할 수가 없다.

이제 시작이다. 예수님이 다시 오실 때까지 멈추지 않을 것이다. 우리는 기도와 예배로 예루살렘까지 그분의 오심을 준비하고 있다.

24/7 기도의 집

'한국 기도의 집'은 꿈이 있다. 이 나라 모든 도시에 누구나 언제든지 기도할 수 있는 기도 처소가 열리는 것이다. 교회가 수없이 많지만 막상 기도할 곳이 없어서 기도하는 사람들은 거리를 방황한다.

우리는 기도가 되는 곳, 기도할 수 있는 영적인 준비가 된 곳, 기도가 쌓여있는 곳, 임재가 충만한 곳이 전국에 세워지길 꿈꾼다. 우리는 모슬렘들의 기도처보다 더 위대한 기도의 처소이자 예수님의 임재가 있는 장소가 모든 도시와 열방에 열리길 간절히 사모한다.

기도의 집은 '24시간 밤낮 쉬지 않는' 기도처라고 알려져 있다. 그래서 많은 사람들이 기도의 집을 열 마음은 있어도 엄두를 내지 못한다.

'어떻게 24시간을 멈추지 않고 기도와 예배를 드릴 수 있는가?'

이런 부담으로 시작할 생각조차 하지 못하고 예수님의 소원을 접는다. 이것은 밤낮 쉬지 않는 기도의 집을 잘못 이해하기 때문이다. 기도의 집은 시간을 채우거나 지키는 데 목적이 있지 않다. 물론 언젠가는 멈추지 않는 기도와 예배가 될 것이라는 비전을 취할 수 있다면 하나님의 은혜 안에서 큰 축복이 될 것이다.

우리는 현재 24/7(24시간, 7일) 멈추지 않고 기도와 예배를 올려드린다. 그러나 기도의 집의 궁극적인 부르심은 '시간'에 있지 않다. 예수님의 집이 기도하는 집이 되게 하는 데 근본적인 부르심을 가지고 있다(사 56:7, 마 21:13).

이는 기도의 문화를 회복하는 것이다. 교회의 근본적인 DNA이며 문화이고 부르심이라고 믿는 기도의 회복이 교회 안에서 일어나길 원한다.

기도가 교회의 일개 프로그램이 아니라 중심이 되는 교회를 일으키고자 한다. 왜냐하면 예수님이 성전 곧 당신의 집을 '기도하는 집'이라고 선언하셨기 때문이다. 이 말씀은 기도하는 집을 자신의 집으로 삼으시겠다는 선언이다.

미국 캔자스시티에 YWAM 캔자스 베이스가 있다. 단기간에 세워졌고, 모든 면에서 빠르게 성장하는 곳이다. '콜투올'(call2all)이라는 새로운 선교운동을 일으킨 마크 앤더슨이 그 베이스의 대표다. 그는 현재 국제 YWAM의 차기 대표로 주목받고 있으며, 세계적인 지도자 중에 한 사람이다.

그는 하와이 코나에서 모든 것을 내려놓고 캔자스로 날아갔다. 부부가 각각 기도하는 중에 동일한 하나님의 음성을 들었기 때문이다. 그들은 "기도하는 집이 내 집이다. 그러므로 기도하지 않는 집은 더 이상 내 집이 아니다"라는 음성을 들었다. 하나님은 기도의 집으로 온 열방을, 하나님의 사람들을 부르고 계신다.

하나님은 교회에서 기도의 운동이 일어나길 원하신다. 기도의 집 운동은 시간이나 형태나 형식 이전에 먼저 교회의 본질인 기도를 회복하는 일이다. 하루에 한 시간 또는 한때를 기도에 헌신하는, 기도의 문화가 살아나는 교회를 의미한다.

신앙생활의 본질이 무엇인가? 예수님과 동행하고 예수님을 사랑한다는 것이 무엇인가? 십자가를 살아낸다는 것은 어떤 삶을 말하는가? 자기부인의 삶은 어떻게 시작되는가?

기도와 예배, 기도와 말씀의 삶을 살아내는 그 자리가 자기를 낮추고, 자기를 부인하고, 예수님이 내 안에 사시도록 하는 삶의 첫 자리이다. 이것이 제자도적 삶의 기초이다.

교회와 기도의 집

많은 성도들과 목회자들이 기도의 집을 방문한다. 기도의 집에 대해 묻고 배우기 위해서다. 그들에게서 이런 질문을 자주 듣는다.

"교회를 할까요, 기도의 집을 할까요? 교회를 개척할까요, 기도의 집을 개척할까요?"

나는 "둘 다 하십시오"라고 답한다.

교회는 기도의 집이다

제자들이 성경 말씀에 주의 전을 사모하는 열심이 나를 삼키리라 한 것을 기억하더라 이에 유대인들이 대답하여 예수께 말하기를 네가 이런 일을 행하니 무슨 표적을 우리에게 보이겠느냐 예수께서 대답하여 이르시되 너희가 이 성전을 헐라 내가 사흘 동안에 일으키리라 요 2:17-19

예수님의 가슴속에는 교회가 있었다. 내 가슴속에도 교회가 있다. 창세기부터 요한계시록까지 성경은 교회론이 담긴 책이다. 하나님은 성경 전체에서 다른 것이 아닌 교회를 말씀하셨다. 요한계시록의 끝은 교회의 완성이다.

예수님은 교회를 자신의 '아내', '신부'라고 표현하시며 열렬히 사랑하신다. 기도의 집 운동은 교회 운동이다. 교회의 본질적인 회복을 가져오는 운동이다. 기도의 집은 교회이고, 교회는 기도의 집이다.

성전은 교회의 모형이다. 예수께서는 성전이 본래의 의도를 잃어버리고 종교화되고 형식화되자 비본질을 뒤집어엎으시면서 "내 집은 만민이 기도하는 집이다"라고 선언하셨다.

종교개혁 500주년을 맞이하고 있는 지금, 예수님의 이 선언은 매우 중요한 개혁적 사건이다. 예수님은 또 "이 성전을 헐라 내가 사흘 동안에 일으키리라"라고 하셨다(요 2:19). 이것은 십자가의 죽으심과 부활 이후에 새롭게 지어질 성전, 예수님의 처소인 교회를 향한 선포였다. 예수님은 시편의 말씀을 인용해 다윗의 고백을 제자들이 기억하게 하셨다(시 27:4).

기도의 집은 교회이다. 교회의 본질적인 부르심을 회복하며 신부로서 단장하는 시간이다. 만일 교회가 아닌 다른 운동이었다면 나는 이 일을 하지 않았을 것이다.

예수님은 교회인 기도의 집에 머물길 원하신다. 사도행전 1, 2장을 보면 교회는 불같은 기도로 태어났다. 에베소서 2장 21,22절은 교회가 예수님의 처소로, 성전으로 지어져 간다고 말씀하신다. 주님은 교회를 기도의 집이라고 선언하셨다. 마지막 때에 그분이 머무실 처소는 기도의 집, 기도하는 교회일 것이다.

교회는 창세기 28장 15절 이하의 벧엘(하나님의 집)이다. 하늘과 땅을 연결하는 제사장적 부르심과 하늘의 통치를 땅에 풀어내어 하나님나라로 부르심을 성취하는 공동체로 부름 받았다. 이는 기도와 예배, 말씀과 기도, 믿음과 선포의 공동체로서의 기도의 집이다.

다윗의 장막의 회복과 기도의 집의 완성은 교회의 본질적인 완성이다. 기도는 마치 교회의 심장과 같으며 모든 것을 여는 열쇠와도 같다. 교회가 기도할 때 온몸이 살아나며 강력해지고, 하늘과 땅이 통일된다.

기도하는 교회, 기도가 중심이 되는 교회, 기도가 심장의 역할을 하는 교회에는 생명력과 본질의 회복이 일어난다. 교회는 창세기부터 요한계시록까지 기도하는 집으로의 부르심을 가지고 있다. 교회와 기도의 집은 하나이다.

하늘의 총회인 교회

하늘의 정부, 하늘의 위대한 왕국은 뜻을 굳혔다. 이 땅을 죄악과 악의 무리로부터 해방시켜 하늘의 위대하고 선한 왕의 통치 아래 두기로 오래전에 결정했다. 그리고 모든 준비를 마쳤다.

하늘은 위대한 군대와 모든 능력과 부유와 영광으로 완벽한 준비를 마쳤다. 더욱이 하늘의 왕자께서 친히 원수의 모든 법조

문과 무기들과 능력들을 십자가에서 무기력하게 꺾어두셨다. 이제는 승리만 남았다. 하늘에서는 이미 뜻이 이루어졌다. 그것이 땅에서 이루어지기만 하면 된다. 이것이 마태복음 6장 9,10절을 포함한 주기도문이다.

그런데 무엇이 하늘에서 이루어진 것이 땅에서 이루어지지 못하게 막는가? 완벽히 준비된 하늘의 군대가 당장이라도 이 땅을 정복하지 못하게 막는가? 하늘 정부의 뜻이 이루어지지 못하게 하는 원인이 무엇인가? 하늘 정부의 뜻이 묶인 요인이 무엇인가?

이는 땅에 있는 하늘의 총회가 그것을 통과시키지 않기 때문이다. 창세기 1장 26-28절에서 이 땅의 모든 권한을 부여 받은 땅의 총회가 하늘 정부의 뜻에 "예"라고 대답하지 않고 있다.

교회는 땅에 있는 하늘의 총회이고, 이 땅의 주인인 장자들의 총회이다. 히브리서 12장 23절은 교회를 "장자들의 총회"(개역한글)라고 말씀하고 있다. 이것이 마태복음 16장 18,19절과 18장 18-20절의 교회이다. 교회는 이 땅을 통치하고 다스리는 하나님나라의 통로요 문이며 총회이다.

왜 하나님나라가 더디어지고 지연되는가? 왜 하나님나라가 이 땅을 침노하는 일이 멈춘 것처럼 보이는가? 한 명의 국회의원이 국회 전체를 대변할 수 없으며 정부를 움직이지 못한다. 교회가 기도할 때 하나님나라가 작동된다. 교회의 기도, 합심하는 기도가 필요하다.

물론 개개인의 기도와 골방의 기도들도 중요하다. 그러나 교회의 총회적 기능은 개인의 기도가 아닌 합심하는 기도여야 한다. 그때 비로소 하늘의 정부가 역사하게 된다.

두세 사람이 합심하는 연합된 기도가 부흥을 가져온다. 이것이 교회의 권세와 능력으로 하늘의 문을 열고 닫는 총회적 기도가 된다. 이 땅에 하나님나라가 더디 오는 것은 교회의 수가 부족해서도, 선교사의 수가 적어서도, 우리의 열심이 부족하거나 전도를 하지 않아서도 아니다.

그렇다고 개인 기도가 부족해서도 아니다. 하늘의 총회, 다윗의 열쇠를 받은 우리로서의 교회가 하늘 정부의 뜻에 "예스"해야 하기 때문이다.

교회가 기도의 집이 될 때

예수께서 성전에 들어가사 성전 안에서 매매하는 모든 사람들을 내쫓으시며 돈 바꾸는 사람들의 상과 비둘기 파는 사람들의 의자를 둘러 엎으시고 그들에게 이르시되 기록된 바 내 집은 기도하는 집이라 일컬음을 받으리라 하였거늘 너희는 강도의 소굴을 만드는도다 하시니라 맹인과 저는 자들이 성전에서 예수께 나아오매 고쳐주시니 대제사장들과 서기관들이 예수께서 하시는 이상한 일과 또 성전에서 소리 질러 호산나 다윗의 자손이여 하는 어린이들을 보고 노하여 예수께 말하되 그들이 하는 말을 듣느냐 예수께서 이르시되 그렇다 어린 아기와 젖먹이들의 입에서 나오는 찬미를 온전하게 하셨나이다 함을 너희가 읽어본 일이 없느냐 하시고 그들을 떠나 성 밖으로 베다니에 가서 거기서 유하시니라 마 21:12-17

마태복음 21장 12, 13절의 선포 이후에 어떤 일이 벌어졌는가? 교회가 기도의 집으로 회복되고, 교회의 본질적 요소가 회복될 때 어떤 일이 벌어질까? 교회가 기도의 집이 될 때 어떤 열매가 맺히는가? 위의 말씀은 성전의 본질을 잃어버린 것에 대한 하나님의 분노의 표출이자 개혁의 선포이다.

예수님의 성전 개혁 이후에 일어난 14-16절의 사건들은 교회가 기도하는 집이 될 때 자연스럽게 일어날 결과이다.

첫째, 하나님나라가 작동한다. 이것은 복음의 핵심이다. 죽어서 가는 천국이 아니라 현재 나타나는 하나님의 통치와 다스림, 앉은뱅이가 일어나고 소경이 눈을 뜨는 일 등은 하나님나라의 작동이다.

교회가 기도의 집이 될 때 하나님나라의 역사를 보게 된다. 치유와 회복과 살리시는 역사가 일어난다. 현재 우리 기도의 집에서는 누군가가 손을 얹고 기도해주어서가 아니라 기도실에서 그저 홀로 기도할 때 귀머거리가 듣고, 중병환자가 일어서고, 불치병이 회복되는 일이 일어나고 있다.

예배당과 기도의 집의 기도실이 베데스다 연못이 되고 있다. 기도의 집의 회복은 이사야 61장 1-3절의 역사를 현실로 나타내는 결과를 가져온다.

둘째, 예수님 중심의 역사가 일어난다. 예수님의 구원 사역이 확장된다. "호산나 다윗의 자손이여"(마 21:15)는 구원의 예수님, 구원의 완성을 이루실 예수님을 향한 선포다. 교회가 기도의 집이 될 때, 구원의 역사를 이룰 뿐만 아니라 하나님나라의 완성을 가져오게 될 것이다.

구원의 주님, 하나님나라의 완성을 가져오실 예수님, 그분의 구원 사역이 왕성해지며 복음의 완성이 이루어지는 부흥이 일어난다. 그러므로 다시 오실 예수님을 갈망하는 종말적 신앙이 선포되며 본질적 회복이 일어난다.

'종말 신앙의 회복'이란 무신론적이고 바벨론적(세상적)인 삶의 가치가 새 하늘과 새 땅을 바라보고 하늘의 것을 사모하는 하늘 중심의 신앙으로 바뀌는 것을 말한다.

셋째, 다음세대가 일어나고 살아난다. 신앙의 본질이 회복되어 생명이 흐르고 기도와 말씀이 역사할 때 그들이 살아난다. 본질의 회복이 이 시대의 영성을 돌파하고, 바벨론 시스템에 갇혀있던 세대가 바벨론의 가치와 영을 뚫고 일어서서 하나님을 노래하고 증거하는 역사가 일어난다.

마지막 때에 시편 8편 2절의 말씀이 실제가 된다. 그때에 '다니엘 세대'가 일어난다. 이는 기도와 예배, 기도와 말씀으로 하늘의 지혜를 받은 세대이다. 바벨론의 가치와 영성과 반대되는 벧엘의 가치와 영성을 지닌 세대이다. 사무엘과 다윗처럼 예수님의 집에 거하며 말씀과 기도, 기도와 예배로 하늘의 능력과 지혜를 받은 세대이다.

교회가 기도의 집으로 일어서면 다음세대가 주께 나와 예배하게 된다. 교회가 기도의 집이 될 때, 주님의 집이 '만민이 기도하는 집'이 될 때 부흥이 일어날 것이다.

함께 기도하기

→ 하나님께서 원래 디자인하셨던 교회의 본질이 회복되게
하소서. 그 본질 중 하나가 기도의 집임을 알려주소서.

→ 교회가 기도의 집으로서의 정체성을 회복하게 하소서.
하늘의 총회로서 하나님의 통치와 다스림을 이 땅에 풀
어놓게 하소서.

→ 예수님 오심이 가까운 이때에 신랑의 오심을 갈망하는
신부로서 주야로 부르짖게 하소서. 이런 갈망을 가진
파수꾼들이 교회마다 일어나게 하소서.

CHAPTER 2

교회의 착상,
교회의 DNA

또 내가 네게 이르노니 너는 베드로라
내가 이 반석 위에 내 교회를 세우리니
음부의 권세가 이기지 못하리라
내가 천국 열쇠를 네게 주리니
네가 땅에서 무엇이든지 매면
하늘에서도 매일 것이요
네가 땅에서 무엇이든지 풀면
하늘에서도 풀리리라 하시고

마 16:18,19

치매! 현대인들, 특히 경제적으로 중상위권에 있는 사람들은 이 질병을 가장 두려워한다. 명예와 아름다움을 추구하며 살아온 그들에게 기억력과 정체성 상실을 가져오는 이 질병은 큰 두려움이고 근심거리이다.

이 질병의 핵심은 정체성의 문제이다. 오늘날 기독교의 가장 크고 무서운 문제도 교회의 치매 현상이다. 교회를 누가, 왜 세웠는가? 교회는 무엇인가? 우리가 혹은 남들이 좋다고 여기는 교회가 아니라 예수님이 디자인하신 교회가 되어야 한다. 교회의 소유자, 주인, 설계자, 운영자가 모두 예수님이셔야 한다.

그런데 오늘날 교회의 주인은 누구인가? 교회의 본질적 부르심은 무엇이고, 그 기능은 무엇인가? 교회는 기억 상실과 정체성 상실에 빠져있다. 아무리 교회가 크고 장엄해도, 수많은 사람들이 모여서 예배를 드려도 치매에 걸렸다면 얼마나 충격적이겠는가? 우리는 이런 교회를 깨워야 한다.

예수님이 일하시게 하기 위해 교회가 깨어나야 한다. 교회는 위대한 공동체이다. 하나님은 우리가 원하는 것보다 더 우리에게 부흥을 주기를 원하신다. 이것을 믿는가? 하나님은 우리보다 우리를 더 사랑하신다. 우리에게 더 전진해오기 원하신다.

왜 수백 년 동안 우리에게 오고 싶지 않으셨겠는가? 왜 예수님이 조속히 이 땅에 오기를 원하지 않으시겠는가? 왜 열방에 부흥을 주길 원하지 않으시겠는가? 그분은 누구보다 부흥을 원하신다.

그러나 여기, 교회라는 공동체가 있다. 창세기부터 요한계시록까지 예수님의 가슴속에는 교회가 있었다. 그분은 교회를 통해 일하기 원하신다. 이 땅의 교회가 어떻게 되느냐에 따라 하나님의 일이 속히 진행되기도, 더디 이루어지기도 한다.

교회의 착상

시몬 베드로가 대답하여 이르되 주는 그리스도시요 살아계신 하나님의 아들이시니이다 예수께서 대답하여 이르시되 바요나 시몬아 네가 복이 있도다 이를 네게 알게 한 이는 혈육이 아니요 하늘에 계신 내 아버지시니라 또 내가 네게 이르노니 너는 베드로라 내가 이 반석 위에 내 교회를 세우리니 음부의 권세가 이기지 못하리라 내가 천국 열쇠를 네게 주리니 네가 땅에서 무엇이든지 매면 하늘에서도 매일 것이요 네가 땅에서 무엇이든지 풀면 하늘에서도 풀리리라 하시고 이에 제자들에게 경고하사 자기가 그리스도인 것을 아무에게도 이르지 말라 하시니라 마 16:16-20

이 본문은 교회론에 있어서 가장 중요하다고 볼 수 있다. 신약성경에서 '교회'라는 말이 최초로 등장하기 때문이다. 여기서부터 교회가 출발한다.

오순절 성령이 임하면서 마가 다락방을 통해 교회가 태어났다. 그러나 태어나는 것보다 착상되는 것이 더 중요하다. 착상되지 않으면 생명체가 만들어질 수 없기 때문이다.

이 본문은 교회의 착상을 그리고 있다. 창세기부터 요한계시록까지, 교회에 대한 하나님의 꿈이 드러나 있다. 예수님의 가슴속에 있던 교회가 드디어 잉태되는 본문이다. 그분이 "교회를 세우겠다"고 선언하신다.

아마도 제자들은 '교회가 무엇일까?' 궁금해했을 것이다. 당시 '에클레시아'라는 단어는 히브리인들에게 흔한 개념이 아니었다. 그들은 회당과 성전은 알았지만 에클레시아는 잘 몰랐다. 이것은 로마의 군사 용어이며 로마 사회에서 쓰이는 정치, 경제 용어였기 때문이다.

로마에서는 본 부대 외에 소수의 군인들을 뽑아 최전방에서 움직이게 했다. 그 소수의 척후병 같은 부대들을 '에클레시아'라고 불렀다. 이는 고대 그리스에서 성문에 나와 '중요한 결정을 하기 위해 부름 받은 자들의 모임'을 칭하기도 했다. 그래서 히브리인들에게 익숙한 용어가 아니었다.

예수님은 이 단어의 뜻도 잘 모르는 이들에게 흥분하며 선포하셨다. 아직 눈에 보이지도 않는 것을 말씀하셨다. 그렇게 '교회'라는 생명체가 착상되었다.

한국 기도의 집도 그렇게 선포되었다. 2009년, 섬기던 교회에서 부흥이 터지고 하늘 문이 열렸다. 그때 나는 믿음으로 기도의 집이 세워질 것을 선포했다.

하나님나라의 일은 보이는 것을 좇아가는 것이 아니다. 하늘에서 이루어진 뜻을 땅에 풀어내는 것이다. 그것이 믿음이고, 믿음의 걸음이다. 예수님이 행하시는 일이다. 교회가 그렇게 시작됐고 태어났다.

마태복음 16장에는 베드로의 신앙고백 이후 예수님이 선포하신 내용이 담겨있다. 에클레시아를 세우시겠다는 것이다. 제자들은 그것이 무엇인지 잘 몰랐다.

교회가 태어나기도 전에 예수님의 입으로 선포된 순간, 교회는 착상되었다. 착상된 수정란은 작은 점 같지만 그 안에는 모든 DNA가 들어있다. 외모, 성격, 크기, 생명력이 그 안에 있다.

교회의 DNA

앞에서 언급한 교회의 치매 현상에 대해 좀 더 살펴볼 필요가 있다. 이 질병은 뇌의 기억부분을 관장하는 기능에 손상이 생기는 질병이라고 한다. 기억 중에서도 정체성 부분에 손상이 와서 내가 누구인지, 상대가 누구인지, 무엇에 쓰는 물건인지를 기억하지 못해 심각한 상황에 빠진다. 그런데 오늘날 교회가 이런 증세를 보이고 있다.

이 땅의 많은 교회가 그 존재 의미를 잃어버리고 있다. 우리의 DNA를 잃어버리고 있다. 사람을 많이 모으고, 봉사활동을 많이 하는 것이 목회인 줄 안다. 또는 사회 참여가 교회인 줄 알기도 한다. 그 모든 것이 교회가 해야 할 일들인 것은 맞다.

그러나 교회엔 가장 중요한 근본적인 DNA가 있다. 시대의 요구 이전에 교회를 디자인하신 분의 원초적 의지가 무엇인지 파악하고 회복해야 한다. 왜 하나님이 이 땅에 교회를 세우셨는지, 왜 우리를 부르셨는지 생각해보라.

에베소서는 교회의 비밀이 담긴 위대한 책이다. 위대한 사도 바울의 알파와 오메가와 같은 두 권의 서신이 있다면 바로 로마서와 에베소서이다. 로마서는 기독교가 무엇인지를 기록하고 있고, 에베소서는 하늘의 신령한 공동체인 교회와 그 교회의 완성을 이야기하고 있다.

바울은 에베소서 1장 15-20절에서 에베소 성도들이 교회의 부르심이 무엇인지 알기를 간절히 기도한다.

우리 주 예수 그리스도의 하나님, 영광의 아버지께서 지혜와 계시의 영을 너희에게 주사 하나님을 알게 하시고 너희 마음의 눈을 밝히사 그의 부르심의 소망이 무엇이며 성도 안에서 그 기업의 영광의 풍성함이 무엇이며 그의 힘의 위력으로 역사하심을 따라 믿는 우리에게 베푸신 능력의 지극히 크심이 어떠한 것을 너희로 알게 하시기를 구하노라 엡 1:17-19

이것은 바울이 교회론을 가르치기 직전에 기도한 내용이다.
"마음의 눈이 떠지게 해주십시오. 눈에서 비늘이 벗겨지게 해주십시오. 그래서 우리를 부르신 부르심의 소망이 무엇인지 알게 해주십시오."

이것은 단순히 한 개인의 부르심을 넘어 교회라는 공동체를 부르신 것과 그 부르심을 향한 소망이 무엇인지 알게 해달라는 기도였다. 하나님께서 기대하고 계신다. 그분이 교회라는 공동체를 통해 하시려는 그 일을 우리가 알기 원하신다.

기도를 많이 하는 것은 귀한 일이다. 그러나 지혜와 계시의 영이 임할 때에야 하늘에 영향을 줄 수 있다. 나는 20년 넘게 사역하면서 크고 작은 부흥을 여러 번 보았다. 지금 우리 기도의 집에서 경험하는 것 같은 부흥을 수차례 경험했다. 나는 부흥을 믿는다. 한 도시가 변화되는 것과 많은 영혼들이 예수께 나와 구원을 받는 일이 지금도 일어날 수 있다고 믿는다.

우리에게 기도의 계시가 열릴 때 하늘과 땅에 영향을 미치게 된다. 오늘 우리의 기도가 우리가 사는 도시의 하늘을 뚫기를 축원한다. 그러나 많은 기도가 하늘에 영향을 주지 못하고 온실 속에 갇힌 것 같다.

첫 번째 DNA : 머리 되신 예수님과 연합하는 공동체

교회는 예수님의 것이다

마태복음 16장 16-20절은 교회의 DNA를 나타내는 본문이다. 18절에서 예수님이 교회를 세울 것을 선언하신다. 19절은 교회의 기능과 권세와 관계가 있다. 여기에서 주목할 단어가 있다. "내가"라는 단어이다.

18절에 세 번 나온다. "내가" 베드로를 불렀고, "내가" 교회를 세우는 주체이다. "내가" 소유한 교회이고, "내가" 이끄는 교회이다.

교회는 예수님의 것이다. 교회와 예수님은 하나가 되어야 한다. 그분은 위대하고 전능하시다. 교회는 위대하고 전능해야 하며 승리해야 하고 영광스러워야 한다.

에베소서 1장은 교회가 예수 그리스도의 몸이고, 예수 그리스도는 만물의 머리요 교회의 머리라고 말씀한다. 머리와 몸이 하나가 되어야 한다. 마태복음 16장 18절은 교회의 기획자도, 주인도, 소유자도 예수님이라고 선언한다. 교회를 일으키는 분도, 교회의 종들을 부르시는 분도 그분이시다.

그래서 교회는 위대해야 한다. 교회와 예수님이 하나 되길 축복한다. 예수님이 머리이고 교회가 예수님의 몸이면 교회는 위대한 일을 행해야 한다. 그분이 풍랑과 파도를 향해 "잠잠하라"고 하셨을 때 즉시 잠잠했듯이.

교회는 만물을 다스려야 한다. 그런 위대한 교회가 일어나기를 소원한다. 그럴 때 도시와 국가를 바꿀 수 있다. 나는 도시가 변하는 것을 보았다. 지역과 영역이 트랜스포메이션(transformation)되는 것도, 망한 교회가 손바닥 뒤집히듯이 바뀌는 것도 보았다. 오랜 시간이 걸린 것이 아니라 하나님이 개입하시니까 한순간에 바뀌었다. 우리의 도시에 하나님이 임재하시기를 소망한다.

하나님께서 손을 대시면 세상이 진동한다. 교회가 그 일을 할 수 있다. 예수님 안에 있는 나와 여러분에게 그런 능력이 있다. 역사의 주관자이신 그분과 하나가 된 교회는 역사를 움직인다.

한때 한국교회는 한국의 역사를 움직였다. 교회가 역사 안에 있었다. 그런데 한국교회가 점점 커졌다. 너무 커졌다. 예수님이 주인이 아니고 우리가 주인인 것처럼 착각하기 시작했고, 사실 우리가 주인이 되기 시작했다. 그러면서 점점 역사 속에서 맛과 빛을 잃고 짓밟히기 시작했다.

그러나 하나님이 또 다른 세대를 일으키실 것이다. 한국교회는 지금 중요하고 어려운 시간을 보내고 있다. 하나님께서 한국교회를 진동시키신다. 우리가 주인인 것처럼 여기는 것들을 흔들고 계신다. 다시 예수님이 주인이 되기를 소원하시기 때문이다. 교회의 주인은 예수님이시다. 그분이 소유자이시다. 교회는 예수님이 이끌어가시고 세워가신다.

"내가" 불렀다고 하신다. "내 교회"를 "내가" 소유했고 "내가" 세울 것이라고 하신다. 교회가 예수님과 연결될 때 그 교회는 도시나 나라보다 클 것이다. 세상이 주목하게 될 것이다. 예수님이 움직이기 시작하실 때 열방이 진동할 것이다. 그리고 그곳이 나라와 민족과 역사의 중심이 될 것이다.

예수님이 머리였던 교회, 예수님이 소유했던 교회는 다 그랬다. 그런 교회는 역사 속에서 위대했다. 유럽도 그랬고, 영국과 미국과 한국이 그랬다. 예수님이 교회의 주인이시면 교회는 망하지 않는다.

그러므로 교회에 말씀이 주장하시게 해야 한다. 말씀의 본질이 교회의 본질이어야 한다. 말씀이 그렇다고 하면 그런 것이다. 우리는 미국 스타일도, 한국 스타일도, 일본 스타일도 아니고 철저히 '성경 스타일'이어야 한다.

말씀이 우리를 주장해야 한다. 기도의 집은 말씀의 계시가 회복되는 곳이다. 예수님이 우리를 주장하시려면 성경이 뭐라고 말씀하는지를 듣고 순종해야 한다. 말씀의 계시가 있기를 바란다. 성령이 교회들에게 하시는 소리가 들리기를 바란다. 비늘이 눈에서 떨어져 말씀을 보게 되기를 바란다.

말씀대로 내려놓을 준비가 되어있는가? 그때 예수님이 다스리신다. 그때 예수님의 "내가, 내가, 내가"가 이루어진다. 그분의 교회가 되길 바란다.

어떻게 예수님이 소유하시는 교회가 될 것인가

어떻게 예수님이 소유하시는 교회로 세워질 것인가? 여기에는 중요한 요소가 있다. '말씀'의 회복이다. 기록된 말씀과 현재적으로 말씀하시는 예수님의 말씀 위에 세워지는 교회가 되어야 한다. 에베소서가 말하는 '교회의 회복'이다.

특별히 에베소서는 사중 혹은 오중 직임(4장)이라고 하는 교회의 기능들이 회복된 모습을 그리고 있다. 이 기능들은 교회가 기록된 진리 위에서 현재적으로 말씀하시는 예수님의 음성에 반응할 수 있도록 돕는다.

요한계시록에 기록된 일곱 교회를 생각해보라. 그 교회들의 모습에서 마지막 때 모든 교회의 현상들을 볼 수 있다. 에베소교회는 가장 완벽했던 교회였다. 규모도 제일 컸고, 신학적으로도 완벽했으며, 열심도 있었다. 부족한 게 하나도 없는 소아시아 모든 교회의 모델이었다.

그들은 예수님의 음성을 듣고 그 사랑의 관계 속에서 친밀함을 누렸다. 그로 인해 가장 위대한 서신인 에베소서를 받았던 교회였다. 그런데 하나님과 사랑하는 법을 잊어버렸다.

아주 작아서 사람 눈에 잘 띄진 않지만 하나님이 칭찬하셨던 서머나교회도 있다. 어쩌면 일본교회, 북한의 지하교회, 이슬람권의 지하교회들이 바로 서머나교회라 할 수 있다. 수만 명, 수천 명이 모이는 교회는 아니지만, 순교와 피 흘림으로 순수함을 지키고 있다.

순교의 핏자국 위에서 하나님 아버지를, 예수님을 일하시게 하라. 굉장히 영적인 것 같지만 바벨론의 음녀와 결탁한 교회들이 있다. 살았다고 하지만 실상은 죽어있는 교회다. 돈도 많고 부족한 것이 없다고 말하지만 예수님이 보실 때는 가난하고 헐벗고 부끄러운 교회도 있다. 이처럼 마지막 때에 여러 모습의 교회가 있을 것이다. 그 일곱 교회를 향한 그분의 메시지를 들으라.

일곱 교회를 향해 동일하게 말씀하시는 두 가지 내용이 있다.

첫째는 이기는 교회에 주시는 약속이다. 교회는 반드시 이겨야 한다. 교회는 이기라고 부르심을 받은 공동체이다.

둘째는 "귀 있는 자는 성령이 교회들에게 하시는 말씀을 들을 지어다"이다. 예수님이 부르신 교회는 그분의 음성을 들어야 한다. 그것이 에베소서 4장의 구조이다. 사람이 온전한 몸을 가진 것처럼 교회도 귀로 듣고, 눈으로 보고, 오감으로 감각정보를 받아들인 후에 모든 것을 머리가 결정한다.

성령에 의해 구조적으로 보고 듣고 움직이는 교회! 하나님이 마지막 때에 그런 교회를 일으키고 계신다. 그분이 말씀하시고 그 말씀이 이끌어가는 교회가 되길 원한다. 기도의 집은 그런 교회 중 하나이다. 기도의 집은 교회이며, 교회와 기도의 집은 하나이다. 마지막 때 하나님이 교회의 본질을 회복시키고 계신다.

나는 2011년에 미국 캔자스시티에 위치한 IHOP(International House of Prayer)에 다녀왔다. 3개월간 머물며 그곳의 리더들에게 "이곳은 곧 교회가 될 것입니다"라고 말했다. 아직 기도의 집에 불과한 그곳이 조만간 교회로 선포될 것이라고 했다. 나는 아이합 대표와 교제하며 그가 무엇을 보고 있는지 알 수 있었다. 우리는 같은 것을 함께 보았다.

그러나 많은 리더들은 IHOP이 교회가 될 것이라는 말을 이해하지 못했다. 그런 일은 없을 거라고, 그들은 미션 베이스이며 그저 기도하는 집일 뿐이라고 했다. 그런데 그 다음해에 IHOP이 교회로 선포되었다.

IHOP은 현재 5천 명 정도 출석하는 교회이고, 2~3만 명 규모를 이루는 기도 공동체이며, 동시에 지역교회를 향해 달려가고 있다. 그들은 세 개의 정체성을 동시에 갖고 있다.

"우리는 기도의 집이다."

"우리는 미션 베이스이다."

"우리는 철저하게 지역에 부르심을 받은 지역교회다."

이 모든 정체성을 포괄한 것이 교회이다. IHOP은 아주 건강한 교회로 세팅되고 있다. 이것이 예수님의 계획이다.

교회는 하나님의 음성을 들어야 한다

그리스도인들의 모임은 어떻게 부르든 '교회'이다. 교회는 하나님의 음성을 들어야 한다. 하나님이 그런 구조로 교회를 만들어놓으셨다. 그분의 음성을 듣고, 굴복하기를 바란다.

우리가 어떤 때에 하나님의 기사와 표적과 역사를 보는 줄 아는가? 하나님의 음성을 들을 때이다.

모세는 하나님의 음성을 들었다.

"가라! 내 백성을 이끌고 가라."

그래서 순종해서 나아갔다. 열심히 갔더니 광야와 홍해가 나타났다. 그러나 그때 순종하지 않았다면 반석에서 물이 쏟아지고, 만나와 메추라기가 내리고, 홍해가 갈라지는 기적은 없었을 것이다. 하나님의 음성을 들을 때 놀라운 일들이 우리의 인생에 나타난다. 만일 우리가 백 년 동안 교회에 다녀도 하나님의 음성을 듣지 않으면 아무 일도 일어나지 않을 것이다.

한국의 많은 교회들 안에서 기적이 없어졌다. 올해는 작년과 비슷하고 내년도 올해와 비슷할 것이다. 내후년도 기대할 것 없는 모습이 펼쳐질 것이다. 하나님의 음성을 듣고 따라갈 때 광야에서 샘물이 터지며 홍해가 갈라지는 엄청난 기적 앞에 서게 될 것이다. 여리고와 같은 엄청난 성이 무너질 것이다.

하나님의 음성이 교회를 사로잡기를 축원한다. 시대적 음성, 역사적 음성, 공동체적 음성, 개인적 음성을 들으라! 하나님의 소리가 있을 때 그분의 역사가 일어난다.

신랑의 마음과 왕권을 가진 신부 된 교회, 기도의 집

왜 하나님이 마지막 때에 교회를 기도의 집 형태로 바꿔 가시는가? 하나님이 교회를 신부로 단장하시는 것이다. 가장 가까이에서 남편의 심장소리를 듣는 교회, 신랑과 하나 된 교회, 신랑의 비밀을 가진 교회, 그래서 신랑의 모든 것을 가진 교회가 되기 위해서이다.

에스더가 누구인가? 3일 동안 하나님의 임재와 기름부음을 충만히 받아 신랑의 마음을 사로잡고 신랑의 홀을 사용한 자이다. 신랑 되신 예수 그리스도의 홀 즉, 그분의 권세를 쓰는 교회가 되기를 소원한다.

프로그램이나 신랑의 왕관, 신랑의 나라, 신랑의 소유에 관심이 있는 것이 아니라 신랑과 온전히 연합된 교회, 그래서 신랑의 모든 것이 내 것이 된 교회, 신부 된 교회가 기도의 집이다.

그분 외에 그 어떤 것도 필요하지 않은 교회, 그분에 대한 사랑에 눈이 먼 교회, 그것이 예수님이 소유한 교회이다. 예수님과 하나 된 교회이다. 예수님이 마지막 때에 교회를 그렇게 바꾸고 계신다. 예수님과 온전히 연합된 교회로.

오늘 우리들의 교회가 예수님의 "내가, 내가, 내가"(마 16:18) 소유한 교회가 되기 바란다. 머리 되신 예수님과 하나 된 교회가 되길 바란다. 그것이 기도의 집이고, 다윗의 장막이고, 하늘과 땅이 연결된 교회이다. 그때 예수님의 "내가, 내가, 내가"를 성취한 교회가 되는 것이다. 이것이 교회의 DNA이다.

두 번째 DNA : 영적전쟁을 하는 공동체

또 내가 네게 이르노니 너는 베드로라 내가 이 반석 위에 내 교회를 세우리니 음부의 권세가 이기지 못하리라 마 16:18

"음부의 권세가 이기지 못하리라"의 헬라어 원문은 "지옥의 문을 빼앗아 오겠다"라는 뜻이다. 교회는 지옥문을 취하는 공동체이다. 대적의 문을 박살내며 영적전쟁을 하는 공동체이다. 이 본문은 신약 교회에서 가장 중요하다.

교회론을 이야기할 때 이 본문을 그냥 넘어갈 수 없다. 이것이 교회론이고, 여기서 신약 교회가 나왔으며, 가톨릭과 신약 교회가 분리되었다. 그래서 신학적으로 굉장히 큰 의미를 담고 있다. 교회가 태어나기도 전, 예수님의 가슴속에 착상될 때부터 교회는 영적전쟁을 하도록 선포되었다.

예수님이 지옥의 문을 밟으라고 하셨다. 모든 사탄의 권세를 박살내게 하셨다. 교회는 태어나기도 전부터 이런 DNA를 갖고 있었다. 특별히 아시아권의 기도의 집은 강력한 영적전쟁을 하는 곳이 될 것이다. 아시아는 마지막 선교의 대격전지가 될 것이다. 선교의 마지막 대적이라 할 수 있는 이슬람교와 힌두교가 아시아에 있다. 그러기에 아시아는 위대한 추수의 땅이 될 것이다.

국제 기도의 집 대표인 마이클 비클이 말했다.

"아시아에서 더 큰 기도의 집이 일어날 것입니다."

아시아에서 마지막 선교를 완성시킬 기도의 집이 일어날 것이다. 실제로 미국의 IHOP보다 인도네시아의 기도의 탑(Prayer Tower)이 더 크다. IHOP은 매스미디어를 통해 많이 알려졌으며 수준이 높은 반면에 인도네시아의 기도의 집은 원시적이긴 해도 더 크고 강력하다. 약 10만여 명이 기도 운동에 동참하고 있으며 인도네시아의 변화를 주도하고 있다.

인도네시아에서 수천 개의 교회가 불탔다. 예수를 믿는다는 이유로 도끼에 찍혀서 다리가 잘리고 목숨을 잃은 사람들이 많다. 그럼에도 불구하고 그 나라가 엄청나게 바뀌고 있다. 기도의 집이 열매를 맺고 있다.

IHOP이 전 세계에 기도의 집의 필요성을 일깨워주었다면, 앞으로 아시아에서 일어날 기도의 집은 부흥과 추수와 연결된다. 그러므로 선교와 기도가 하나 되는 일직선상에 놓일 것이다.

또한 아시아 기도의 집은 대적의 문을 취하는 곳이 될 것이다. 지옥문을 무너뜨릴 것이다. 대적들의 센터가 있는 아시아에 강력한 기도의 집이 필요하다. 이슬람교, 힌두교, 온갖 샤머니즘이 아시아에 널리 퍼져있다. 아시아 기도의 집은 강력한 대적의 문을 박살내는 영적전쟁터가 될 것이다.

교회는 영적전쟁을 하도록 부르심 받았다

교회는 영적전쟁을 하는 공동체이다. 우리가 전쟁할 준비를 예수님이 모두 하셨다. 우리는 이기도록 부르심을 받았다. 음부의 권세를 이기기를 축복한다.

영적전쟁을 하는 법을 배우라. 칼을 쓰는 법을 배우라. 스가랴서는 전쟁을 준비하라고 한다. 나는 〈나니아 연대기〉와 〈반지의 제왕〉 같은 영화를 좋아한다. 〈반지의 제왕〉은 스무 번 가까이 보았다. 큰 감동을 받았다. 이 시리즈 3편의 제목은 '왕의 귀환'이다. 예수님이 다시 오신다는 것이다. 그분은 오실 준비를 하고 계신다.

우리는 어떻게 싸워야 하는지 배워야 한다. 교회는 군대이다.

교회의 정체성 중 하나가 '영적전쟁을 하는 공동체'이다. 그런데 지금 교회들이 이 정체성을 잃어버렸다. 교회는 교제 공동체만이 아니라 전투 공동체이다. 교회의 형제애는 전우애이기 때문에 더 깊다. 함께 목숨을 걸고 싸우기 때문에 형제애보다 더 진하다.

우리는 치열한 싸움을 싸우고 있다. 이 싸움은 예수님이 이미 이기신 싸움이며, 우리가 이길 수밖에 없는 싸움이다. 교회가 싸움을 시작해야 한다. 잃어버린 야성과 전투성을 회복해야 한다.

내 제자 중 한 명은 사자와 같이 포효하는 자였다. 그가 부르짖을 때 영적 기류가 바뀌었다. 그는 돌파하는 기름부음이 있는 자이다. 모두가 잠잠해도 그는 부르짖어야 한다.

그런데 어느 날 그가 IHOP에 다녀오더니 조용해졌다. 왜 그러냐고 했더니 자기는 신부가 되었다고 했다. 그러나 기도의 집 운동이 말하는 신부는 그런 것이 아니다. 성적인, 감성적인, 외적인 신부를 의미하는 것이 아니다. 성 정체성과 상관없이 예수님과 하나 된 친밀감을 이야기한다.

그것은 외적인 모양이 아닌 영적 상태를 의미하며, 예수님과 관계를 표현하는 것이다. 오늘 우리는 위대한 신부의 군대가 되기 위해 예수님과 친밀해야 한다. 때로 일대일로 깊은 침묵에 잠겨야 할 것이다. 그러나 많은 경우에 부르짖고 싸우고 돌파해내야 한다.

이것이 교회의 DNA이다. 내 이야기가 아니다. 예수님이 교회에게 대적의 문을 빼앗아오라고 하셨다. 예수 그리스도의 선포이다. 우리의 정서와도 상관없다. 한국 스타일, 일본 스타일, 아시아 스타일이 아니고, 예수님 스타일이다.

몇 년 전에 하와이 코나에 강의를 하러 갔다. 마지막 시간에 통성 기도를 같이 하자고 했다. 그러면서 이것은 '코리안 스타일'이 아니라고 강조했다. 성경의 얼마나 많은 곳에 "큰 소리로 외치라", "온 이스라엘이 울리도록 기도하라"는 말이 기록되어있는지 모른다.

예루살렘의 다윗 성에서 무슨 일이 있었는지 아는가? 아침부터 저녁까지 4천 명이 악기를 연주하며 찬송을 불렀다. 33년 동안 매일 찬양이 끊이지 않고 울려 퍼졌다. 4천 명이 부르는 큰 노랫소리와 악기 소리가 매일 울려 퍼졌다.

예루살렘은 공명(共鳴)이 잘 되는 도시였다. 그래서 이스라엘 백성들은 매일 하나님의 위대하심을 들으며 자고 일어났다. 적들이 쳐들어올 때도 매일 찬양 소리를 들었다. 모리아, 즉 예루살렘 성전 산 위에서 부르는 노래가 온 이스라엘에 울려 퍼졌다.

우리의 입은 밥 먹고 수다 떨기 위해서만 창조된 것이 아니다. 창조주의 입에서 나오는 메시지로 세상이 만들어졌다. 하나님의 형상인 우리가 선포하는 말로 세상이 만들어진다. 교회가 영적 전쟁을 하며 돌파하는 방법 중 하나가 울부짖는 것이다. 우리가 조용히 묵상하지 않고 소리쳐 외치고 노래할 때에도 우리는 예수님의 신부의 군대이다.

대적의 문을 취하라

영적전쟁을 배우라. 우리가 사는 곳에서 귀신들이 무릎 꿇기를 바란다. 기도의 집마다 기도의 장군들이 필요하다. 어둠의 영과 맞짱뜰 장군들이.

"우리의 씨름은 혈과 육에 대한 것이 아니요 정사와 권세와 이 어두움의 세상 주관자들과 하늘에 있는 악의 영들에게 대함이라"(엡 6:12, 개역한글).

에베소서 6장 10-20절은 하늘의 악한 영의 시스템을 보여준다. 사탄의 정부 조직이 있다는 것이다. 정사와 권세와 어둠의 세상 주관자들과 악의 영들과 씨름할 자들이 필요하다. 우리는 멋있게 싸우는 것이 아니라 치열하게 싸워야 한다.

에베소서 6장 12절 말씀에 '씨름'(서양의 레슬링)이라는 표현이 있다. 씨름할 때 서로 힘의 균형이 팽팽하면 몸을 안 움직여도 신경전이 오간다. 여기서 '씨름'은 헬라어 원어로는 '팔레'라고 한다. 물고 뜯고 뒹구는 치열한 싸움을 의미한다. 이는 둘 중에 하나가 죽어야 끝난다.

바울은 왜 그런 표현을 썼을까? 그는 개척 선교사였다. 닫혀 있는 도시들에 가서 복음을 전했다. 그 도시의 강한 자들, 정사와 권세들과 치열하게 싸웠다. 그런 싸움에 능한 자들이 필요하다. 교회를 끌어안고 어둠의 영들과 씨름하며 격투하는 자들이 필요하다.

예배와 기도로 씨름하는 자, 예배와 기도로 원수의 급소를 치는 자가 되어 대적의 문을 취하라. 우리에게 기도의 영, 씨름하는 영, 돌파하는 영이 부어지길 바란다.

한국엔 그런 기도의 어미들과 아비들이 있었다. 1907년 이후에 기도의 어미들이 일어났다. 그들은 술 취함과 노름과 미신에 절어있는 조선을 붙잡고 기도했다. 또한 산과 골짜기마다 구국제단을 쌓고 울부짖던 어미와 아비, 영적인 장수들이 있었다. 그들이 부흥을 가져왔다. 그들이 그 도시의 강한 자들을 결박했고, 어둠의 영들을 내몰고, 도시와 가정의 영적 주인을 바꾸기 시작했다.

오늘, 대적의 문을 취하라. 예수님이 그 일을 시작하신다. 기도하는 공동체와 기도하는 사역자들을 통해 이루신다. 교회는 정복하는 공동체이며 권세를 받은 공동체이다. 우리의 DNA는 대적의 문을 취하는 공동체이다.

세 번째 DNA : 다윗의 열쇠를 돌리는 공동체

예수 그리스도와 연합된 교회의 기도, 다윗의 열쇠

내가 천국 열쇠를 네게 주리니 네가 땅에서 무엇이든지 매면 하늘에서도 매일 것이요 네가 땅에서 무엇이든지 풀면 하늘에서도 풀

리리라 하시고 마 16:19

하늘의 열쇠, 유대인들은 이것이 무엇인지 알았다. 다윗의 열쇠를 의미했다. 그들은 굳이 설명하지 않아도 이것이 하늘의 왕의 열쇠임을 알았다. 이스라엘 역사 속에서 하늘의 통치가 땅에 닿았던 유일한 시기가 다윗의 때이다. 여기서 다윗의 열쇠와 다윗의 장막은 하나이다.

다윗의 장막과 기도의 집은 연관이 있다. 다윗의 열쇠와 기도의 집에는 비밀이 있다. 위대한 공동체인 교회의 기도, 예수님이 머리이시고 교회가 몸인, 다시 말해 예수 그리스도화 된 교회의 기도, 신랑 되신 예수 그리스도와 온전히 연합되어 하나 된 교회의 기도, 예수님이 이것을 받기를 원하신다.

교회 사역의 1순위가 기도여야 한다. 강력한 부흥의 열쇠요, 영적전쟁의 승리의 비결은 교회의 기도이다. 이제까지 우리는 기도가 옵션인 것처럼 살아왔다. 교회는 기도하는 공동체이다. 기도의 비밀을 회복해야 한다. 예수님이 한 마디로 말씀하셨다. "기도 외에 다른 것으로는 이런 종류가 나갈 수 없느니라"(막 9:29). 어떻게 하나님나라, 하나님의 통치와 다스림이 임하는가? 어떻게 귀신이 우리에게 굴복하는가? 어떻게 이런 유(類)가 나갈 수 있는가? 예수님은 기도 외에는 다른 방법이 없다고 하셨다. 그런데 교회는 자꾸만 다른 방법을 쓰려고 한다.

마지막 때 하나님이 교회를 기도하는 집으로 부르고 계신다. 교회를 기도의 집으로 부르시는 것은 하늘과 땅을 연결하시고, 하늘에서 이루어진 뜻을 땅에서 완성하시기 위해서이다.

교회에게 맡기신 땅의 권세, 하늘을 묶고 푸는 권세

내가 천국 열쇠를 네게 주리니 네가 땅에서 무엇이든지 매면 하늘에서도 매일 것이요 네가 땅에서 무엇이든지 풀면 하늘에서도 풀리리라 하시고 마 16:19

이 말씀을 주목하라. "네가 땅에서 무엇이든지 매면 하늘에서도 매일 것"이라고 하신다. 여기서 두 가지가 중요하다. "땅에서"와 "매면"이다.

우선 "땅에서"를 살펴보자. 땅에서 풀어야 하늘에서도 풀린다. 우리는 자꾸만 하늘을 쳐다본다. "하나님, 이것을 해주세요. 하늘에서 뭔가 해주세요"라고 요청한다. 그런데 본문에서 보면 땅이 먼저이다. 땅이 침묵하면 하늘이 침묵한다. 그래서 사탄이 우리로 기도하지 못하게 하는 것이다. 우리의 기도가 본질적이지 못하게 막는다.

원수의 이와 목을 꺾는 기도, 예수님의 보좌가 보좌 되는 기도가 산상수훈의 핵심 메시지 중 하나이다. 산상수훈은 감미로운 도덕과 윤리 이야기가 아니다. '하나님나라가 이 땅에서 어떻게 존재하고 표현되어야 하는가'에 대한 메시지이다.

"땅에서"라는 단어가 중요하다. 왜 하나님의 역사가 지연되는가? 우리보다 이 땅에 더 내려오고 싶어 하시는 예수님의 일이 왜 지연되는가? 땅이 침묵해서이다.

이 이야기는 창세기에서부터 시작되었다. 하나님이 에덴을 만드셨다. 그리고 삼위일체 하나님이 합의하시며 선포하신다. "우리가 사람을 만들고 그들로 이 땅을 다스리게 하자"라고 말씀하신다(창 1:26). 왜 사탄이 하와와 아담을 찾아왔는가? 왜 뱀의 모양을 입었는가? 땅에서는 흙의 존재들만이 권세를 갖는다.

그래서 인간 다음으로 가장 영광스러워 보이는 육체인 뱀을 통해 육체인 사람에게 다가왔다. 이 땅을 다스리는 유일한 권세를 가진 아담에게 온 것이다. 교회는 이 땅을 다스리도록 부르심 받은 공동체이다.

"땅에서", 그것이 바로 교회이다. 하나님께서는 이 땅에 개입하고 싶어 하신다. 문제가 많은 죄악의 땅에 전진해오고 싶으시다. 그런데 땅이 허락을 해야 한다. 모든 것을 다스릴 권세를 합법적으로 받은 땅이 합법적으로 권세를 사용해야 한다. 땅에서 매야 하늘에서 매인다. 여기에 교회의 위대한 비밀이 있다.

우리는 친목 공동체가 아니다. 하늘의 위대한 비밀을 땅에 풀어낼 위대한 공동체이다. 마지막 때 예수님이 교회를 그렇게 회복시키신다. 예수님의 마음이 급해지셨다. 그래서 교회가 기도하도록 깨우시며, 기도의 집이 되게 하신다.

예수님이 "너희가 땅에서 묶고 풀어다오"라고 하신다. 그러면 하늘이 임할 것이다. 하늘의 정부가 있다. 이 땅의 어떤 정부보다 완벽하고 완전하며 위대한 정부가 있다. 사탄의 군대가 엄청나게 많고 흉악해 보여도 하늘의 군대하고는 비교할 수가 없다.

이제까지 어둠들이 보지 못한 하늘의 수많은 군대가 있다. 어둠들은 하늘 군대의 가장 전진 부대인 미가엘의 군대만 보았다. 요한계시록의 영적 존재들은 미가엘이 전부가 아니다. 사탄이 두려워할, 상상도 못한 하늘의 군대가 대기하고 있다.

그런데 왜 그 군대가 움직이지 못하는가? 땅의 총회가 승인하지 않기 때문이다. 그 총회가 서로 싸우고 있다. 이젠 하나가 될 때이다. 연합의 비밀이 거기에 있다. 연합된 땅의 총회가 승인할 때 하늘의 군대가 움직인다.

그래서 하나님이 열방에 있는 기도의 집들을 연결시키고 계신다. 이제 상상하지 못했던 일이 일어날 것이다. 아직 성경에서 이루어지지 않은 일, 모든 육체에게 성령을 붓겠다고 하셨지만 아직 모든 육체에 부어지지 않은 그 일이!

교회의 기도는 위대하다. 교회가 합심하여 기도할 때 두세 명이 모인 곳에도 하나님이 계신다. 이것이 교회의 DNA이다. 땅에서 매면 하늘에서 매이고, 땅에서 풀면 하늘에서 풀리는 권세이다. 오늘 우리의 합심기도가 이 땅의 하늘을 흔든다.

매는 일을 먼저 하라. 이 땅의 어둠의 문들을 닫으라. 어둠의 문들이 닫히지 않은 상태에서 하늘의 문이 열려서 혼잡해지는 경우가 있다. 하나님의 영에 붙들리기 전에 먼저 우리 안에 있는 어둠의 문들을 닫으라.

우리에게는 치유가 필요하다. 예수님이 우리를 치료하신다. 우리의 어그러진 마음을 바르게 만드신다. 우리 안에 있는 묶임을 끊어내라. "하나님이 열지 않은 모든 문들이 닫힐지어다. 이 도시의 모든 어둠의 영계들은 묶일지어다. 모든 어둠의 영계들은 닫힐지어다"라고 선포하라.

그 후에 하늘을 풀어놓는 것이다. "하나님, 우리에게 군대를 파송해주십시오", "이 교회에 하늘의 군대를 파송하십시오"라고 구하라. 이곳에 하늘의 천군 천사가 임하며 싸움에 능한 미가엘의 군대들이 배치되기를 바란다. 이제 하늘을 향해 땅에서 매고 풀어라. 이것이 교회의 권세이다.

교회는 두 명 이상부터 시작한다. 한 사람은 교회가 아니다. 마태복음 18장은 "두세 사람", "에클레시아", "무리"라는 표현을 쓰고 있다. 두 명 이상 모이면 위대해진다. 마태복음 18장은 "두세 사람이 내 이름으로 모인 곳에는 나도 그들 중에 있느니라"(20절)라고 하신다.

마태복음 16장과 똑같은 말씀을 하고 계신다. "땅에서 무엇이든지 매면 하늘에서도 매일 것이요 네가 땅에서 무엇이든지 풀면 하늘에서도 풀리리라"(19절)는 뜻이다. 우리가 있는 모든 곳에서 천국 열쇠를 돌리기를 축원한다.

예수님의 입에서 선포된 교회, 우리의 눈에 보이기 전부터 착상된 교회의 DNA를 기억하라. 예수님이 선포하신 "내" 교회 즉 "내"가 소유한 교회, "내"가 세우는 교회, 대적의 문을 향해 전진하는 교회, 지옥문을 향해 선전포고하며 정복하는 교회, 땅의 권세로서의 교회, 하늘의 총회가 되길 바란다. 히브리서 12장 23절은 우리를 "장자들의 총회"(개역한글)라고 부른다. 교회는 결정권을 가진 자들의 연합이다.

하늘 정부는 준비를 끝냈다. 이젠 땅이 동의할 차례다. 땅이 열어드려야 한다. 열방의 수백만 귀신보다 더 많고 위대한 왕의 군대가 전진해오시도록 하자. 마지막 때에 예수님이 교회를 그렇게 바꾸고 계신다.

오늘, 이 교회의 권세가 계속 부어지기를 바란다. 교회는 이길 것이다. 교회는 승리하도록 부르심 받았다. 이길 수 있는 조건이 다 구비되어 있다.

함께 기도하기

→ 우리에게 지혜와 계시의 영을 부어주십시오. 그래서 교회가 무엇이고, 교회의 권세가 무엇인지 보여주십시오. 교회가 기도의 집인 것이 무슨 뜻인지 깨달아 알게 하옵소서.

→ 교회의 본질을 회복하게 해주십시오. 교회를 세우신 하나님의 목적과 부르심을 온전히 성취하게 해주십시오.

→ 기도의 영, 돌파의 영을 부어주십시오. 새로운 차원으로 기도를 열어주십시오. 그래서 내가 있는 곳이 벧엘이 되게 해주십시오. 하늘과 땅이 연결된 곳이 되게 해주십시오.

CHAPTER 3

교회의 탄생,
하나님나라

오순절 날이 이미 이르매
그들이 다같이 한 곳에 모였더니
홀연히 하늘로부터 급하고 강한 바람 같은 소리가 있어
그들이 앉은 온 집에 가득하며
마치 불의 혀처럼 갈라지는 것들이
그들에게 보여 각 사람 위에 하나씩 임하여 있더니
그들이 다 성령의 충만함을 받고
성령이 말하게 하심을 따라
다른 언어들로 말하기를 시작하니라

행 2:1-4

사도행전 2장 1-4절의 일이 우리 모두에게 일어나기를 축원한다. 이 일엔 성령님이 필요하다. 기도의 집을 이해하기 이전에 교회를 이해해야 한다. 예수님이 교회에 관심이 많으시기 때문이다. 예수님은 교회를 통해 이 땅에 개입하신다. 두세 사람이 합심하면 하늘이 열리고 또 닫힌다.

모든 교회가 기도의 집으로 변화된다면 하늘 문이 열릴 것이다. 마태복음 16장과 같이 다윗의 열쇠를 돌린다면 그곳에 하나님나라가 임할 것이다. 예수님은 수만 명이 모여야 함께 있겠다고 하지 않으셨다.

두세 사람이 내 이름으로 모인 곳에는 나도 그들 중에 있느니라
마 18:20

이것이 예수님의 선포이다. 교회, 에클레시아란 크기를 말하는 것이 아니다. 교회는 크기와 상관없이 위대한 모임이다. 두세 사람이 합심하여 기도하면 하늘이 열리고 닫힌다. 우리는 기도에 대해서도 배울 것이다. 교회는 기도하는 공동체이기 때문이다. 우리는 기도를 놓치고 살아왔다. 기도를 잘 가르치지 못했다. 신

약성경을 입체적으로 분석해보라. 예수님은 생애의 삼분의 일 정도를 기도에 쓰셨다.

예수님의 설교는 둘로 나눌 수 있다. 헬라어로 '디다케'는 '강의', '교훈'을 의미한다. 예수님의 디다케, 즉 강의와 교훈이 있었다. 그런가 하면 '케리그마', 즉 '신적인 복음 선포'가 있었다. 예수님의 복음 선포의 대부분은 기도에 대한 것이었다.

마태복음 5-7장에는 산상수훈이라는 위대한 메시지가 담겨있다. 우리는 산상수훈이라고 하면 팔복을 기억하지만, 나머지 내용도 모두 중요하다. 팔복도 네 번째 복부터는 기도와 관련이 있다. 팔복은 단순 도덕 윤리가 아니다.

산상수훈은 하나님나라에 대한 말씀이다. 그 나라의 존재 방식이며 표현 방식이다. 산상수훈의 절반이 기도에 대한 메시지이다. 예수님이 생애를 어떻게 마감하셨는가? 성경공부하다가 돌아가셨는가? 기도하시다가 돌아가셨다.

의도적으로 제자들을 데려다가 자신의 인생의 하이라이트 순간에 기도를 보여주셨다. 예수 그리스도의 삶은 기도의 삶이었다. 40일 금식기도(마 4:1,2)로 시작해서 겟세마네 기도(눅 22:44)와 십자가 위에서 살이 찢기고 피를 흘리는 기도로 마치셨다.

교회가 모이면 예배하고 기도하는 것은 정상이다. 그것이 신약 공동체였다. 사도행전 2장에서부터 출발한 교회의 모습이었다. 우리가 있는 모든 곳에 기도의 집이 일어나길 축원한다. 최소한 두세 명만 모이면 그 가운데 예수님이 계신다. 그것이 우리의 기도이며, 마지막 때 기도의 집이다.

교회는 하나님나라를 위해 존재한다

예수님의 메시지는 하나님나라에 대한 것이었다. 그 나라를 구하라. 우리는 우리가 있는 곳에서 하나님나라를 세우는 자들이다. 그분이 통치하시고 다스리시는 나라를 세우는 자들! 예수님의 복음은 하나님나라인 왕국의 선포로 시작해서 하나님나라로 끝난다.

예수님은 40일 금식을 마치신 후에 하나님나라가 가까이 왔다는 선포를 시작하셨다. 하늘로 올라가실 때에도 하나님나라를 선포하셨다. 우리의 왕국이 아닌 하나님의 왕국이다. 그래서 연합해야 한다. 왕이 소집 명령을 내리면 모두 모여야 한다. 우리의 군대장관께서 명령을 내리시면 거룩한 정렬이 일어난다. 하나님이 열방의 군대들을 정렬하기 시작하신다. 예수님의 군대의 거룩한 정렬(Holy array of Jesus Army)이다.

하나님이 거룩한 나팔을 부실 때 징집되지 않는 것은 죄이다. 우리는 하나님나라를 위해 존재한다. 이 땅의 교회들이 연합하지 않는 것은 위험한 일이다. 왜 연합하지 않는가? 지금부터 기도해보라. 특별한 임무가 없는 한 우리는 다 연합해야 한다.

예수님이 오실 날이 가깝다. 하나님이 군대를 정렬하고 계신다. 그분의 지시에 맞게 우리는 배치되어야 한다. 그때 위대한 역사가 일어난다.

하나님나라는 연합이다. 우리는 우리의 교회를 키우기 위해 존재하는 것이 아니다. 하나님께서 통치하시고 다스리시는 나라를 위해 존재한다. 우리가 있는 이곳에 하나님나라가 임하기를 바란다.

하나님나라가 교회의 목적인 것에는 모두 동의한다. 그런데 어느 목회자 그룹에서 "여러분의 교회가 하나님나라입니까?"라고 질문했더니 자신있게 "아멘"이라고 답하는 사람이 없었다. 그럴 수도 있고, 아닐 수도 있다고 대답한 사람이 있었는데, 그 말이 정답이다.

하나님이 말씀하시면 그 자리에서 순종해야 그분의 통치와 다스림이 이루어진다. 그분이 왕 되시게 하라. 그럴 때 왕의 권세가 움직이기 시작한다. 그분이 통치하시고 다스리시게 하라. 그때 예수님의 머리와 몸이 하나 되기 시작하며 그 나라가 임한다. 그것이 에베소서의 교회이다.

하나님나라, 갇힌 자들을 자유케 하시는
하나님의 통치와 다스림

주 여호와의 영이 내게 내리셨으니 이는 여호와께서 내게 기름을
부으사 가난한 자에게 아름다운 소식을 전하게 하려 하심이라 나
를 보내사 마음이 상한 자를 고치며 포로 된 자에게 자유를, 갇힌
자에게 놓임을 선포하며 여호와의 은혜의 해와 우리 하나님의 보
복의 날을 선포하여 모든 슬픈 자를 위로하되 무릇 시온에서 슬
퍼하는 자에게 화관을 주어 그 재를 대신하며 기쁨의 기름으로 그
슬픔을 대신하며 찬송의 옷으로 그 근심을 대신하시고 그들이 의
의 나무 곧 여호와께서 심으신 그 영광을 나타낼 자라 일컬음을
받게 하려 하심이라 사 61:1-3

이사야 61장 1-3절은 온 이스라엘이 기다렸던 하나님나라가
임하면 일어날 일들에 대한 비전이다. 이는 단계를 의미하는 것
일 수 있다. 처음에는 마음이 상하고, 그 단계를 지나면 포로가
되고, 다음에는 갇히게 된다. 포로는 당장 움직일 수 없는 상태
이다. 그런데 더 심각한 자들은 갇힌 자들이다.
포로 공동체는 감옥생활이 익숙해진 공동체이다. 그냥 내버려
두어도 포로로 살아가는 사람들이다. 그러나 하나님나라가 임
할 때 우리의 생각이 바뀌고, 묶임이 끊어진다. 하나님나라가 임

해서 우리를 지배한다.

"갇힌 자들"은 포로 공동체다. 하나님나라가 아닌 어둠의 나라에 산다. 자유한 것 같지만 감옥에 있다. 내 마음대로 사는 것같지만 거대한 어둠의 공동체를 벗어날 수 없는 자들이다.

우리에게 하나님나라가 임하기를 선포한다. 어둠의 담벼락들이 무너지고 거룩한 나라가 임하기를 선포한다. 하나님나라, 그분의 통치와 다스림이 이사야 61장의 메시지이다.

하나님나라, 땅에 침노하시는 성령님의 역사

사도행전 2장 1-4절은 하나님나라가 땅에 침노하는 모습을 그리고 있다. 성령님은 하나님나라이다. 왜 성령님이 필요한가? 나는 오랫동안 신학공부를 했다. 그런데 가끔 신학교에서 성령님이 필요 없는 것처럼 가르친다. 성령의 역사가 사도행전에서 끝났다고 이야기한다. 그런데 성경을 아무리 봐도 끝났다는 증거가 없고, 끝날 이유가 없다.

몇 구절의 헬라어를 가지고 말장난을 하지만 더 많은 구절이 성령을 환영하고 있다. 예수님의 공생애는 성령께 붙들린 생애였다. 왜 성령이 멈추어야 하는가? 왜 성령의 기사와 이적과 표적과 치유가 끝나야 하는가? 신학교에서는 사도행전 시대에는 병원도 없었고, 복음이 급히 확장되어야 했기에 성령의 역사가 필요했다고 말한다.

그러면 지금 병원들이 모든 병을 치료하고 있는가? 세계보건기구(WHO)에서는 해마다 이름도 알 수 없는 수많은 바이러스에 대해 발표하고 있다. 그 중에 많은 바이러스가 사람에게 치명적이다. 앞으로 더 많이 나올 것이기에 성령의 치유의 기적이 더 필요하다.

우리는 사도행전 시대보다 더 성령의 역사가 필요하다. 그때는 급하고 지금은 급하지 않은가? 복음 전파가 급하지 않은가? 지금은 전 세계 인구의 수가 더 많이 늘었다.

우리는 성령의 역사가 더 많이 필요하다. 성령이 오시는 세대가 되기를 소망한다. 우리에게 성령님이 더욱 더 필요하다. 그분은 모든 귀신을 소멸시킬 수 있는 능력이시다. 성령의 능력이 필요하다. 성령으로 말할 때 복음이 복음 되기 때문이다.

우리의 짧은 혀로 아무리 논리적으로 설명해도 영혼이 바뀌지 않는다. 고린도전서 1장 21절의 선포의 능력을 기억하라. 하나님은 전도의 미련한 것으로 믿는 자들을 구원하기를 기뻐하신다. 화려한 말이 아닌, 성령의 능력으로 선포하는 말이 필요하다. 예수님은 성령(예수의 영)이 임해야 믿을 수 있다(행 16:6,7).

우리 교회에 부흥이 터지던 시점에 그 근처를 지나다가 괜히 눈물이 나왔다는 간증을 들었다. 역사적으로 부흥이 일어날 때 이런 일들이 일어났다. 1907년 평양대부흥운동이 일어났을 때 손님들이 오지 않아서 술집과 극장이 문을 닫았다. 쌀집과 정육점에는 "그동안 속여 팔았으니 와서 더 받아가라"라는 글귀가 붙었다.

하나님의 영이 임하여 그런 일들이 일어났다. 그 영이 임하기를 바란다. 하나님나라가 임하기를 바란다. 하나님은 지금도 동일하게 역사하고 계신다. 하나님의 얼굴과 그분의 나라를 구하라. 성령님이 오시면 그분의 나라가 풀어진다.

성령님은 거룩한 영이시다. 거룩한 영이 오시면 거룩한 일이 일어난다. 그것이 갈라디아서 5장 22절의 성령의 열매에 대한 말씀이다.

하나님나라, 삶에 맺혀지는 성령의 열매

오직 성령의 열매는 사랑과 희락과 화평과 오래 참음과 자비와 양선과 충성과 온유와 절제니 이 같은 것을 금지할 법이 없느니라

갈 5:22,23

성령의 열매는 우리가 맺는 것이 아니다. 성령의 열매를 맺는 것은 율법을 지키는 것보다 어렵게 보일 수 있다. 율법에서는 아무리 죽이고 싶어도 행동으로 옮기지 않으면 죄가 아니다. 겉으

로만 살인하지 않으면 살인죄를 짓지 않은 것이다.

그러나 성령의 열매는 이보다 더 깊다. 갈라디아서 5장 22절은 그렇게 지킬 수 있는 것이 아니다. 희락과 기쁨이 우리의 힘으로 어떻게 가능한가? 진심으로 즐거워하고 얼굴에 기쁨이 가득한 사람은 두 종류가 있다. 하나는 미친 사람이고, 또 하나는 진짜 성령에 붙들린 사람이다. 성령에 붙들린 사람은 기뻐할 이유가 없는데도 기뻐할 수 있는 능력이 있다.

성령님을 만나고 나서부터 내 삶에 성령의 열매가 나타나기 시작했다. 성령님을 환영하라. 날마다 환영하라. 성령님은 하나님 나라이다. 어떻게 나라를 이루는가? 어떻게 하나님의 통치와 다스림을 이루는가? 오직 성령으로 가능하다.

"내가 하나님의 성령을 힘입어 귀신을 쫓아내는 것이면 하나님 나라가 이미 너희에게 임하였느니라"(마 12:28).

그 나라가 임하면 마음이 상한 자들이 고침을 받는다. 포로 된 자들이 자유케 된다. 갇힌 자들이 놓임을 받는다. 사도행전 2장은 하나님나라의 실재를 보여주고 있다.

그러나 너희는 택하신 족속이요 왕 같은 제사장들이요 거룩한 나라요 그의 소유가 된 백성이니 이는 너희를 어두운 데서 불러내어 그의 기이한 빛에 들어가게 하신 이의 아름다운 덕을 선포하게 하려 하심이라 벧전 2:9

우리가 가는 곳마다 하나님의 통치와 다스림이 풀어지기를 바란다. 이것이 베드로전서 2장 9절의 선포다. 우리가 가는 곳마다 어둠의 나라가 무너지게 하라. 우리를 만나는 자마다 자유케 되고 저주가 끊어지게 하라. 그것이 이 땅에 교회가 존재하는 이유이다.

성경공부도 중요하다. 우리의 혈관에 성경구절이 흘러 다니게 하자. 나는 말씀을 수없이 암송했다. 그것도 중요하다. 앞으로도 해야 한다. 그러나 성령님이 필요하다. 교회는 성경 학원이 아니다. 성령님이 없는 말씀은 공부가 될 수 있다.

그러나 말씀은 영이고 실재이다. 말씀은 살아 움직인다. 말씀에서 "예수님은 왕이시다"라고 했으면 그분은 왕이시다. 말씀에 예수님이 다시 오신다고 했으면 다시 오실 것이다.

살리는 것은 영이니 육은 무익하니라 내가 너희에게 이른 말은 영이요 생명이라 요 6:63

예수께서 선포하신 것이 말이 아니라 영이라고 하셨다. 말씀이 영이 되게 하라. 말씀이 실재가 되게 하라. 말씀이 치유하게 하라. 말씀이 움직이게 하라. 성령은 말씀을 움직이는 영이시다. 성령이 오실 때 말씀이 살아난다.

요한복음 13-17장을 보라. 이것을 예수님의 '유언강화'라고 한다. '다락방강화'라고도 한다. 예수님이 돌아가시기 직전에 가르치셨던 메시지이다. 유언은 가장 중요한 메시지이다. 예수님의 유언강화의 핵심이 성령님이다. 2위(位) 되시는 성자 하나님께서 3위(位) 되시는 성령 하나님을 소개하고 계신다.

성령님이 오시면 진리 가운데로 우리를 이끌어 가실 것이다. 예수님은 조금 있으면 우리를 떠나지만 우리는 예수님을 볼 것이다. 성령으로 함께 계시겠다는 것이다. 성령님이 필요하다. 성령님이 임한 세대, 예수님의 영에 붙들린 세대가 있다.

하나님나라의 표현들

오순절 날이 이미 이르매 그들이 다같이 한곳에 모였더니 홀연히 하늘로부터 급하고 강한 바람 같은 소리가 있어 그들이 앉은 온 집에 가득하며 마치 불의 혀처럼 갈라지는 것들이 그들에게 보여 각 사람 위에 하나씩 임하여 있더니 그들이 다 성령의 충만함을 받고 성령이 말하게 하심을 따라 다른 언어들로 말하기를 시작하니라 행 2:1-4

사도행전 2장 1-4절은 성령으로 말미암아 하나님나라가 오심을 선포한다. 그것이 세 가지로 표현되고 있다.

첫 번째는 급하고 강한 바람이다. 그들은 실제로 급하고 강한 바람 소리를 들었다. 두 번째는 불이다. 사람들의 머리에 불이 붙었다. 출애굽기 3장에서 모세가 보았던 불, 활활 타오르는데도 나무가 타지 않는 불, 사람들의 머리에 그 불이 임했다. 세 번째는 물이다. 성경에서는 성령을 물로 많이 표현한다. 어디에 물이 있는가? 13절의 "새 술"이 물이다. 그냥 물이 아니라 뉴 와인 (new wine)이다. 성령은 새 술로 오셨다.

물, 창조적 세대

명절 끝날 곧 큰 날에 예수께서 서서 외쳐 이르시되 누구든지 목마르거든 내게로 와서 마시라 나를 믿는 자는 성경에 이름과 같이 그 배에서 생수의 강이 흘러나오리라 하시니 이는 그를 믿는 자들이 받을 성령을 가리켜 말씀하신 것이라 요 7:37-39

사도행전 2장 1-4절의 "물", "불", "바람"이 의미하는 것이 무엇인가? 하나님나라는 보이지 않지만 실재하는 나라이다. 움직이는 나라이다. 교회 공동체는 공동묘지가 아니다. 천당에 갈 날을 기대하는 죽은 자들의 모임이 아니다. 하나님나라이고, 하나님나라를 오게 하는 공동체이다.

성령님은 물, 불, 바람으로 역사하신다. 새로운 물, 뉴 와인이 되라. 새로운 술에 취하라. 믿지 않는 자들이 볼 때 술 취한 것처럼 보일 수 있다. 그래서 사도행전에서도 성령이 임한 자들을 향해 "술 취한 자"라고 표현한다. 새로운 술이 부어져 새 술, 새 부대가 만들어진다.

그 배에서는 생수의 강이 흘러나온다. 성령의 능력이 회복된다. 새 술로 인해 광야같이 메마른 심령이 회복된다. 목마른가? 성령을 마시라. 성령이 내게 필요함을 고백하라. 성령이 오시면 삶에 기쁨이 온다.

물은 생명과 회복과 치유를 뜻한다. 물은 우리의 육체와 마음과 영을 치유하고 회복시키신다. 그때 우리의 삶에 에덴이 임한다. 집에 금을 바르고 비싼 차를 탄다고 에덴이 아니다. 에덴은 임재를 뜻한다.

'에덴'(즐거움)이라는 히브리어는 수메르어 '에디누'(초원)에서 건너온 언어로 보기도 한다. 원래 히브리어가 아니다. 에덴은 '열린 문', '희락', '즐거움', '임재'라는 의미가 있다. 에덴동산(낙원; 헬라어로 '파라데이소스', 영어 '파라다이스')은 장소 개념 이전에 하나님이 계시는 곳을 뜻한다.

성령이 오시면 땅이 살고, 나라가 살고, 메마른 심령이 사는 에덴이 시작된다. 좋은 집, 명예, 부 등 에덴인 것처럼 꾸미고 살던 모든 것들이 도구가 될 뿐이다. 하나님나라를 전하는 도구가 될 것이다.

에덴의 삶을 살기 원하는가? 삶에 에덴의 회복이 필요한가? 성령이 오셔야 한다. 배에서 생수의 강이 터지길 원한다. 새 방언이 흘러나오길 원한다. 예언의 기름부음, 지혜와 지식의 말씀, 생명력이 흘러나오길 원한다. 이것으로 광야 같은 삶에 생수가 흘러넘치게 된다.

바람, 예언적 세대

성령이 바람으로 오셨다. 우리는 그것을 '예배', '계시'라고 한다. 바람은 소리이다. 메시지이다. 우리는 바람의 세대를 '예언적 세대'라고 한다. 예수님이 마지막 때에 그런 세대들을 일으키신다. 하나님의 생명에 붙들린 세대 중에 예언적 세대, 지혜와 계시의 영이 임한 세대가 일어난다.

이 세대가 대언할 때, 에스겔 골짜기에서 마른 뼈들이 일어난다. "생기야 불어오라"라고 소리를 발할 때, 대언하여 예언적으로 선포할 때 생기가 마른 뼈들을 살게 한다!

예언적 세대의 특징이 있다. 우리는 생명과 전통, 종교와 진리를 착각할 때가 있다. 그러나 우리는 진리이다. 우리는 전통이 아니라 생명이다. 이 진리가 생명력을 잃어버릴 때 종교가 될 수 있다. 진리와 생명이 기독교이다. 이 진리와 생명으로 모든 것이 바뀔 수 있다.

우리는 형식을 중요하게 여길 때가 많다. 그러나 목사로서 가운을 입든, 청바지를 입든 성령의 역사와 아무 상관이 없다. 전통과 생명, 종교와 진리를 구분하라. 기독교는 박물관이 아니다. 우리는 변할 수 없는 진리 안에서 흘러가는 생명이어야 한다.

성철이라는 유명한 고승이 있다. 18년 동안 면벽수도와 고행을 한 사람이다. 그의 법어는 온 세계의 불교계가 주목했다. 그는 영적인 세계에 깊이 들어가 지옥에도 다녀왔다고 한다. 그런데 거기에 고타마 싯다르타가 있었다. 그것을 이해 못한 그가 "석가는 사탄이시다"라고 선포했다. 그래서 한때 불교계가 떠들썩했었다.

그는 석가가 지옥에서 많은 사람들의 죄를 위해 대신 고통 받고 있다고 생각한 것이다. 영적인 세계를 보았지만 진리를 몰랐기에 그는 천국에 가지 못했다.

천국에 가는 길은 예수 그리스도를 믿는 길밖에 없다. 진리가 우리를 하나님께로 이끈다. 생명을 가진 자들은 전통에 묶이지 않고 생명과 진리 안에 흘러간다. 우리의 삶에 생명이 나날이 흘러넘치기 바란다. 변할 수 없는 진리가 어둠을 이기길 바란다. 이 진리가 어떤 어둠도 밝힌다.

바람이 임한다. 이 바람의 세대로 말미암아 자유함이 임한다.

예수님은 우리를 자유케 하신다. 예수님을 믿는 것은 자유한 것이다. 종교는 경직되고 정죄하는 것이지만 생명은 자유케 하고 기쁘게 한다. 이 계시가 임하길 바란다. "진리가 너희를 자유케 한다"고 했다. 십자가 안에서 자유하라.

아무도 여러분을 정죄할 수 없다. 많은 여인들이 예수님을 만났다. 정죄 받을 병에 걸린 자들도 있었고, 불명예스러운 여인들도 있었다. 간음 중에 잡힌 여인도 있었다. 그러나 예수님은 "나도 너를 정죄하지 않으니 돌아가라"고 하셨다. 사람은 정죄로 변화되지 않는다.

우리 집은 예수를 믿지 않는 집안이었지만 나는 목사가 되었다. 내게 예수님이 찾아오시자 변화되었다. 그러나 내가 목사가 된 것은 예수님이 가시 면류관을 쓰시고 피를 뚝뚝 흘리면서 "네 죄 때문이다"라고 하신 것 때문이 아니었다. 예수님은 한 번도 내게 부담을 주지 않으셨다.

내가 목사가 된 이유는 그분의 사랑이 내게 부어졌기 때문이다. 내 모든 것을 수용해주신 그 사랑 때문에 나는 변화되었다. 예수를 믿는 이들은 사랑 때문에 변화된다. 기독교에서 헌신의 유일한 조건은 두려움이 아니라 사랑이다. 그분은 우리를 정죄하지 않으시고 우리의 모습 그대로 사랑하신다. 진리 안에 자유하라. 성령의 바람 안에서 자유하라.

나는 우리가 예언적 세대가 되길 축복한다. 이들은 하나님의 음성을 듣는 세대이다. 완성된 계시와 진리 안에서 들으라. 성령님이 지금도 말씀하시는 것을 믿는가? 예수님은 "내 양은 내 음성을 듣는다"라고 말씀하신다. 예수님은 마지막 때에 그분의 음성에 민감한 세대, 신랑의 목소리를 들으려 하는 세대를 일으키실 것이다.

그것이 기도의 집이다. 기도의 집에 하나님의 음성이 임한다. 기도의 집에서 하나님이 움직이신다. 예수님이 "내 집은 만민이 기도하는 집"이라고 하셨다. 교회에서 우리는 그분의 음성을 듣는다. 그 음성이 임할 때 삶에 기적이 일어난다. 그 음성에 순종할 때 기적이 일어난다.

우리는 가끔 하나님을 오해한다. 하나님이 가라고 하셔서 순종했는데 홍해가 나타날 때가 있다. 이것은 하나님이 우리를 골탕 먹이시려는 것이 아니라 기적을 보여주시려는 것이다. 그분의 위대함이 그때 드러난다.

그래서 때때로 우리를 광야로 데려가신다. 그때 믿음의 사람들은 구름기둥과 불기둥을 보고 홍해가 갈라지며 애굽의 군대가 멸망하는 것을 본다. 하나님이 살아계심을 보게 된다. 성경의 하나님은 지금도 하나님이시다.

불, 권능의 세대

하나님나라가 불같이 임했다. 이것은 권능의 세대로 일어나게
한다. 아가서 8장 6,7절에 불같은 사랑이 표현되어 있다.

너는 나를 도장같이 마음에 품고 도장같이 팔에 두라 사랑은 죽
음같이 강하고 질투는 스올같이 잔인하며 불길같이 일어나니 그
기세가 여호와의 불과 같으니라 많은 물도 이 사랑을 끄지 못하
겠고 홍수라도 삼키지 못하나니 사람이 그의 온 가산을 다 주고
사랑과 바꾸려 할지라도 오히려 멸시를 받으리라 아 8:6,7

많은 물로도 끌 수 없는 하나님의 사랑이 표현되어있다. 그 사
랑은 어떤 것으로도 막을 수 없다. 그 불같은 사랑이 우리를 사
로잡을 때 구령의 열정이 일어난다. 권능이 나오며, 귀신이 쫓김
을 당하며, 치유가 일어나기 시작한다.
　우리 교회 전도 팀은 술집에 가서 예언하며 전도한다. 그곳에
서 만난 사람들에게 하나님을 전한다.
　"하나님은 살아계십니다. 하나님은 당신을 알고 계십니다. 그
분이 당신에게 말씀하시는 것을 얘기해도 되겠습니까?"
　그리고 예언해준다. 그때 그들의 마음이 감동되어 울기 시작
한다. 그동안 누구에게도 말한 적이 없는 비밀을 들려주었기 때

문이다. 그들 중 상당수가 예수님을 영접하기도 한다. 능력 없는 많은 귀신보다 위대하신 성령님이시다.

성령님은 물이고 바람이고 불이시다. 그분은 지금도 역사하신다. 이것이 하나님나라이다. 우리가 예배하고 기도할 때 성령이 물과 바람과 불로 임하신다. 어둠이 떠나고 하나님나라가 임한다.

또 하나님나라는 움직인다. 지금도 역사하신다. 우리가 예배할 때 병자가 고침을 받고 귀신이 떠나기를 바란다. 예배할 때 포로 된 자가 자유케 될 것이다.

하나님은 위대한 분이시다. 교회가 그분을 일하시게 하라. 그분을 움직이시게 하라. 하나님의 움직임만이 우리의 소망이다. 그분은 진동을 멈추실 수 있다. 우리보다, 나라보다, 대륙보다 크시다.

함께 기도하기

→ 우리의 천장을 지나, 건물을 지나 하늘을 보라. 영의 하늘을 보고 기도하라. 하늘아, 열릴지어다. 예수님의 나라가 임하고 새로운 세대가 일어나게 해주십시오.

→ 창조적 세대, 예언적 세대, 권능을 행하는 세대가 일어나게 해주십시오.

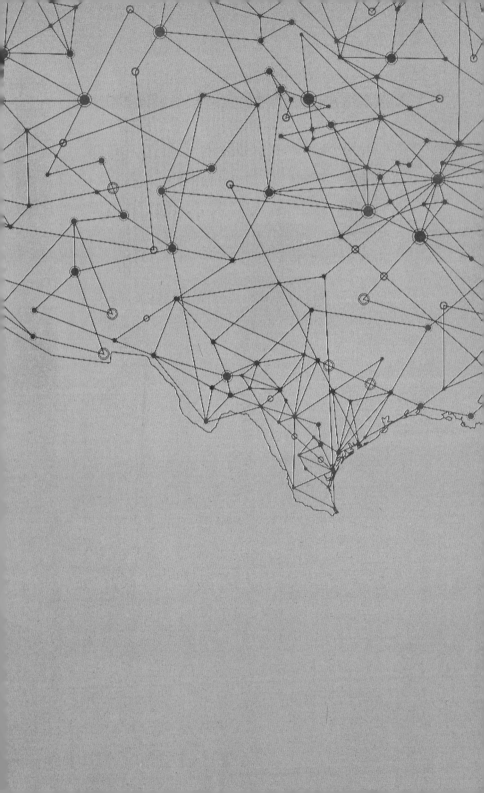

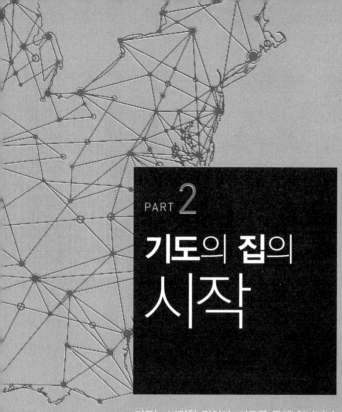

PART 2

기도의 집의 시작

기도는 비밀한 것이다. 기도를 통해 하나님나라가 온다. 반대로 기도하지 않으면 아무 일도 일어나지 않는다. 역사 속의 모든 부흥은 기도로 왔다. 역사 속 부흥의 사람들은 다 기도의 사람들이었다.

CHAPTER 4

기도의 집에서의
기도

그가 내게 이르되
다니엘아 두려워하지 말라
네가 깨달으려 하여 네 하나님 앞에
스스로 겸비하게 하기로 결심하던 첫날부터
네 말이 응답 받았으므로
내가 네 말로 말미암아 왔느니라

단 10:12

기도, 참된 제자의 삶

또 너희는 기도할 때에 외식하는 자와 같이 하지 말라… 그들은 자기 상을 이미 받았느니라… 또 기도할 때에 이방인과 같이 중언부언하지 말라… 그러므로 그들을 본받지 말라 구하기 전에 너희에게 있어야 할 것을 하나님 너희 아버지께서 아시느니라 그러므로 너희는 이렇게 기도하라 마 6:5-9

기도를 믿는가? 이 땅의 많은 교회들이 기도를 믿는다고 하면서 기도를 안 한다. 못하는 경우도 있다. 사탄은 우리가 기도하는 것을 싫어한다. 기도가 무엇인지 알고 기도하는 자들의 기도를 싫어한다.

하나님은 마지막 때에 기도의 계시를 풀어주신다. 지금 전 세계적으로 기도의 집이 엄청나게 일어나고 있다. 태국에도 기도의 집이 일어나고 있고, 터키에도 기도의 집이 10여 개가 된다. 열방에 기도의 집이 일어나고 있다. 한국에도 100여 개의 기도의 집이 있다. 예수님이 이 마지막 때에 교회를 기도의 집으로 바꾸고 계신다.

여러분은 예수님의 제자인가? 예수님의 제자라면 기도해야 한다. 기도는 오순절파만 하는 것이 아니다. 제자라는 이름을 쓰는 자라면 모두 기도해야 한다. 암송하도록 가르치고 성경을 많이 가르치는 것이 전부가 아니다. 그것도 중요하지만 예수님이 가르치신 것은 기도이다.

니고데모 같은 대단한 석학들이 예수님을 찾아왔지만 예수님은 그들이 아닌 무식한 자들을 선택하셨다. 기도를 순수하게 할 수 있는 사람들을 선택하셨다. 예수님의 삶을 본 그대로 행할 수 있는 자들을 택하셨다. 제자가 되는 것은 어려운 일이 아니다. 고린도전서 4장에서 바울은 이런 표현을 쓴다.

그러므로 내가 너희에게 권하노니 너희는 나를 본받는 자가 되라
고전 4:16

제자가 된다는 것은 사상을 가르치는 것이 아니라 삶을 보여주고 닮아가게 하는 것이다. "너희는 나를 본받는 자가 되라"에서 "본받다"의 원문의 뜻은 '모방하다', '흉내 내다', '복사하다', '따라하다' 즉 영어로 'copy'라는 뜻이다. 제자가 되는 것은 단

순하다. 엄청난 사상을 배우는 것이 아니라 예수님을 체험적으로 배우고 닮아가는 것이다.

그분이 금식하셨으면 우리도 따라 하면 된다. 그분이 밤새 기도하셨으면 우리도 그렇게 하면 된다. 예수님이 인생의 위대한 일을 앞두고 40일 금식을 하셨다면 우리도 하면 된다.

예수님이 가장 많이 보여주신 모습은 기도하는 모습이었다. 누가복음에는 "예수께서 습관을 따라 산에 가셨다"는 표현이 나온다(눅 22:39). 기도하러 가신 것이다. 우리 예수님의 습관은 기도였다. 이것에서부터 오늘날 제자훈련의 모순이 발견된다.

기도는 비밀한 것이다. 기도를 통해 하나님나라가 온다. 반대로 기도하지 않으면 아무 일도 일어나지 않는다. 역사 속의 모든 부흥은 기도로 왔다. 역사 속 부흥의 사람들은 다 기도의 사람들이었다.

하나님나라가 오는 본질적 부흥은 다 기도를 통해 시작됐다. 기도의 영이 부어지길 축복한다. 기도의 영, 기도의 기름부음이 필요하다. 우리는 기도를 안 하고 있다고 착각한다. 왜 안 하는가? 시간이 없는가, 장소가 없는가? 안 하는 것이 아니라 못하는 것임을 알아야 한다.

하나님이 열방의 교회를 기도로 깨우고 계신다. 그리고 기도의 영을 붓고 계신다. 현재 선교사의 숫자가 적지 않다. 하지만 기도하는 선교사가 필요하다. 하나님나라를 움직일 선교사가 필요하다. 부흥의 사람, 즉 하나님나라를 움직이는 선교사가 필요하다. 기도의 비밀을 아는 사람들이 필요하다.

기도할 때 위대한 왕이 움직이신다. 하나님나라의 총회인 교회가 기도할 때 그 나라가 온다. 정직하게 성경을 보라. 예수님은 기도를 강조하셨다. 위대한 기도의 리더들이 있지만 예수님과 같은 분은 없었다. 예수님은 기도를 많이 하셨고, 많이 가르치셨고, 능력도 있으셨다.

기도에 대한 생각이 바뀌기를 축복한다. 기도가 무엇인가? 왜 하나님이 기도하라고 하시는가? 기독교 안에 신앙의 여러 가지 모습이 있는데 왜 기도를 강조하는가? 왜 예수님이 기도로 생애를 시작해서 기도로 마치셨는가? 왜 기도 외에는 하나님나라의 나타남이 없다고 단정하셨을까? 우리는 기도를 배워야 한다. 예수께 기도를 가르쳐달라고 구하라.

마태복음 6장, 기도의 신학을 바꿔라

마태복음 6장은 기도의 장이다. 위대한 산상수훈의 절반이 기도를 가르친다. 우리는 왜 기도를 해야 하는가, 무슨 기도를 할 것인가? 예수님은 무슨 기도를 하셨을까? 제자들을 두고 밤이 새도록 기도하셨고, 기도 이후에 큰일들을 하셨다.

예수님이 산에서 내려오신 뒤에 굉장한 치유 집회가 있었다(마 8-9장). 밤새 기도하신 뒤에 제자를 뽑으셨다(눅 6:12,13). 기도가 먼저다. 위대한 하나님의 아들 예수님이 기도를 하셨다. 그 많은 시간 동안 무슨 기도를 하셨을까? 그 내용이 마태복음 6장이다.

기도자의 자세(마 6:5-7)

또 너희는 기도할 때에 외식하는 자와 같이 하지 말라 그들은 사람에게 보이려고 회당과 큰 거리 어귀에 서서 기도하기를 좋아하느니라 내가 진실로 너희에게 이르노니 그들은 자기 상을 이미 받았느니라 너는 기도할 때에 네 골방에 들어가 문을 닫고 은밀한 중에 계신 네 아버지께 기도하라 은밀한 중에 보시는 네 아버지께서 갚으시리라 또 기도할 때에 이방인과 같이 중언부언하지 말라 그들은 말을 많이 하여야 들으실 줄 생각하느니라 마 6:5-7

마태복음 6장 5-7절은 기도에 입문하는 자들의 자세, 기도자의 철학, 기도의 중심을 가르쳐주고 있다.

골방에서 기도하라

유대인에게는 골방이라는 개념이 익숙하지 않았다. 그들은 밖에서 성전을 향해 기도하고, 바라보며 기도했다. 골방에서 기도하는 것은 '에세네파'라고 하던 작은 종파에서 하던 일반적이지 않은 방법이었다. 대부분의 유대인들은 밖에서 성전을 향해 기도했다. 예수님도 개방된 곳에서 기도하셨다.

그렇다면 골방에 들어가서 기도한다는 것은 무슨 뜻일까? 이것은 하나님과의 일대일 기도를 의미한다. 유일한 기도의 청중이신 하나님과 일대일로 만나 기도하는 것이다. 만 명이 모여서 기도해도, 천 명 중에 앉아있어도 하나님과 일대일로 만날 수 있다. 하나님과 눈을 맞추어 기도하라. 그것이 골방기도이다. 분명한 기도의 대상이신 하나님을 바라보며 기도하는 것이다.

하나님은 살아계신다. 막연하게 어딘가 계시는 분을 향해 기도하는 것이 아니다. 골방에 들어가도 여러 가지 잡생각을 하는 사람이 있다. 수십 명이 모여서 기도해도 예수님만이 청중이시라면 그곳이 바로 골방이다.

중언부언하지 말라

중언부언은 주문 같은 기도를 의미한다. 마음과 믿음이 없는 기도, 미사여구를 나열하는 기도이다. 다른 말로 하면 말씀이 없는 기도, 주문 같은 기도, 정성과 치성을 드리는 기도이다.

기도를 너무 어렵게 하는 사람들이 있다. "거룩하시고 지존하시며 상천하지에 홀로 위대하신 하나님~" 등등 미사여구를 나열하면서 어린아이가 들으면 방언처럼 들릴 만한 기도를 한다.

그러나 기도는 우리의 마음을 쏟아 놓는 것이다. 우리의 뜻이 아닌 하나님의 뜻을 관철시키는 기도가 참된 기도이다. 이것은 말씀을 의지하여, 말씀을 기반으로 하는 기도이다. 말을 잘하지 못해도 괜찮다. 우리의 간절한 마음으로 영이신 하나님과 만나는 것이 기도이다.

기도의 내용 (마 6:9-14)

그러므로 너희는 이렇게 기도하라 하늘에 계신 우리 아버지여 이름이 거룩히 여김을 받으시오며 나라가 임하시오며 뜻이 하늘에서 이루어진 것같이 땅에서도 이루어지이다 마 6:9,10

그렇다면 무엇을 기도해야 하는가? 그 많은 시간 동안 예수님은 무엇을 구하셨을까? 우리가 '주기도문'이라고 알고 있는 이 내용은 예수님이 주로 하셨던 기도의 내용이다. 특히 9,10절이 가장 본질적 기도이고, 11-15절은 9,10절을 이루기 위한 조건적 기도이다.

9,10절의 기도는 대신(對神) 관계적 기도, 즉 하나님나라가 임

하는 기도이다. 11-15절의 기도는 대인(對人) 관계적 기도, 즉 하나님나라가 우리에게 오기 위한 조건들을 다루고 있다.

기도의 집을 세워서 쉬지 않고 기도하는 내용이 무엇이어야 하는가? "아버지의 이름이 거룩히 여김을 받고, 나라가 임하시고, 뜻이 하늘에서 이루어진 것처럼 땅에서 이루어지기를" 기도해야 한다. 이것이 기도의 집을 세우신 목적이다.

"이 기도의 집에서 하나님 당신의 이름이 거룩히 여김을 받게 해주십시오. 하나님의 이름이 신들 중의 신의 이름이 되게 해주십시오. 탈취당한 하나님의 모든 영광이 회복되게 해주십시오."

하나님의 이름이 경배 받으시기를 구하는 것이다. 개인적으로 기도할 때도 하나님의 이름이 우리의 삶을 통해 거룩히 여김을 받으시기를 구하라.

예수님의 통치와 다스림이 미치는 모든 시간과 장소, 이것이 하나님나라이다. 이것이 우리의 기도 내용이 되어야 한다. 마태복음 12장 28, 29절에 "하나님의 성령을 힘입어 귀신을 쫓아내는 것이면 하나님나라가 이미 너희에게 임하였느니라"라고 말씀하셨다. 성령이 오셔서 그분의 통치와 다스림이 이 땅에 풀어져야 한다. 하나님나라가 오도록 기도해야 한다.

우리의 예배 중에 하나님나라를 보게 되기 원한다. 우리의 사역과 삶의 현장에서 그분의 통치와 다스림이 나타나도록 기도로 묶고 풀라. 그분이 오셔서 우리를 자유케 하시고 다스리시는 것을 보기 원한다.

천국엔 질병이 없고 귀신이 함께 있을 수 없다. 하나님나라가
오면 치유가 일어나고 귀신이 떠나간다. 하나님은 열방을 바꾸
실 수 있다. 나라들을 주께 바치라. 하나님나라가 되게 하라. 이
것이 9,10절의 메시지이다. 기도의 집에서는 입는 것, 먹는 것이
아니라 그 나라가 온 땅의 모든 영역 가운데 임하시도록 중보하
고 있다.

오늘 우리에게 일용할 양식을 주시옵고 우리가 우리에게 죄 지은
자를 사하여 준 것같이 우리 죄를 사하여 주시옵고 우리를 시험에
들게 하지 마시옵고 다만 악에서 구하시옵소서 (나라와 권세와 영
광이 아버지께 영원히 있사옵나이다 아멘) 너희가 사람의 잘못을 용
서하면 너희 하늘 아버지께서도 너희 잘못을 용서하시려니와 너희
가 사람의 잘못을 용서하지 아니하면 너희 아버지께서도 너희 잘
못을 용서하지 아니하시리라 마 6:11-15

마태복음 6장 11-15절은 개인적 차원의 하나님나라를 구하는
내용이다. 9,10절이 기도의 집을 통해 하나님나라가 임하기를
구하는 기도라면, 11-15절은 기도의 집에 사는 자들에게 임해야
할 하나님나라를 의미한다.

일용할 양식의 의미는 무엇일까? "단번에 10년치를 주셔서 그

것을 쌓아두고 예수님의 일을 열심히 하게 하옵소서"가 아니라 '매일의 일용할 양식'을 구하라고 하신다. 이것은 하나님의 주권을 인정하고 그분을 매일 바라보는 삶을 의미한다. 또한 하늘에 속한 삶을 살라는 뜻이다.

마태복음을 읽는 유대인들은 이 본문을 쉽게 이해할 수 있었다. 그들은 이 양식이 매일의 만나임을 성서 문화적으로 쉽게 인식했을 것이다. 기도의 집을 살아내려면 매일 새로운 만나를 먹어야 한다. 이 말씀에서 "일용할 양식"은 육의 양식을 넘어서 영의 양식도 의미한다. 날마다 새로운 양식을 구하라. 마태복음 6장을 계속 읽어보면 11절에서 말하는 일용할 양식이 육의 양식뿐 아니라 영의 양식에 더 간절한 것을 알 수 있다.

그 뒤에 이어진 구절은 죄의 문제, 용서의 문제를 다룬다. 우리는 용서를 통해 하나님나라에 막힘이 없어야 한다. 모든 막힘이 십자가로 해결되기를 바란다.

13절의 "우리를 시험에 들게 하지 마시옵고 다만 악에서 구하시옵소서"는 개인적 차원의 영적싸움을 의미한다. 사탄의 유혹을 이겨라. 하나님의 통로로서 원수에게 속지 말고, 빼앗기지 말고, 승리하여 영광을 돌리라.

우리를 기도하지 못하게 하는 묶임들과 예수께 나아가지 못하도록 막는 것들이 무엇인가? 시험에 들지 않게 깨어있으라. 우리의 마음에 불타오르는 성령의 불을 사탄이 끄지 못하게 하라.

우리의 믿음의 삶이 예수님 오실 때까지 성장하기를 축원한다.

우리가 기도할 수 있는 것은 하나님의 은혜이다. 우리의 영이 잠들면 영적 생활에 관심이 없어지며 종교화된다. 사탄이 우리를 그렇게 만든다. 날마다 새로워지라. 사탄이 꺾지 못하게 하라. 바로 그것을 구하라는 말씀이다.

우리를 통해 하나님나라가 멈추지 않도록 기도하라고 하신다. 9,10절을 살아내기 위해 11-15절이 이루어져야 한다. 이것이 기도의 집에서 하는 기도 중 하나이다.

금식에 대하여(마 6:16-18)

금식할 때에 너희는 외식하는 자들과 같이 슬픈 기색을 보이지 말라 그들은 금식하는 것을 사람에게 보이려고 얼굴을 흉하게 하느니라 내가 진실로 너희에게 이르노니 그들은 자기 상을 이미 받았느니라 너는 금식할 때에 머리에 기름을 바르고 얼굴을 씻으라 이는 금식하는 자로 사람에게 보이지 않고 오직 은밀한 중에 계신 네 아버지께 보이게 하려 함이라 은밀한 중에 보시는 네 아버지께서 갚으시리라 마 6:16-18

곡기를 끊는다는 것은 '목숨을 걸고 하는 기도'라는 뜻이다. 금식은 할 때마다 힘들다. 금식은 할수록 실력이 늘지 않는다.

금식은 은사가 없다. 이사야 58장은 금식의 장이다. 여기서는 금식에 대해 "자기의 마음을 괴롭게 하는 날"(5절)이라는 표현을 쓴다. 금식은 괴로운 것이다.

무엇으로 금식할 것인가? 때로는 하나님나라가 임하기를 소망하는 마태복음 6장 9,10절의 내용으로, 혹은 11-15절의 내용으로 금식해야 할 것이다. 절대적인 기도가 금식기도이다. 그러므로 능력이 있고 역사하는 힘이 크다. 그런데 본문의 순서를 보자. 예수님이 기도를 가르치신 후에 금식에 대해 언급하신다.

예수님이 가르치신 기도의 내용들이 금식을 해야 할 만큼 긴박하고 간절한 기도라는 뜻이다. 그분이 가르치신 기도제목들을 가지고 금식을 하라고 권유하시는 것이다.

문제가 생길 때만이 아니라 하나님의 이름, 하나님나라, 그분의 정의와 공의, 그의 나라와 의를 구하는 삶을 살아가기 위한 최소한의 필요, 우리의 영적·육적인 필요, 용서의 문제, 영적인 투쟁의 문제들을 위해 금식을 선포하고 필사(必死)의 기도를 하라는 것이다.

기도자의 가치, 누가 주인인가 (마 6:19-24)

너희를 위하여 보물을 땅에 쌓아두지 말라 거기는 좀과 동록이 해하며 도둑이 구멍을 뚫고 도둑질하느니라 오직 너희를 위하여 보물을 하늘에 쌓아두라 거기는 좀이나 동록이 해하지 못하며 도둑이 구멍을 뚫지도 못하고 도둑질도 못하느니라 네 보물 있는 그곳에는 네 마음도 있느니라 눈은 몸의 등불이니 그러므로 네 눈이 성하면 온 몸이 밝을 것이요 눈이 나쁘면 온 몸이 어두울 것이니 그러므로 네게 있는 빛이 어두우면 그 어둠이 얼마나 더하겠느냐 한 사람이 두 주인을 섬기지 못할 것이니 혹 이를 미워하고 저를 사랑하거나 혹 이를 중히 여기고 저를 경히 여김이라 너희가 하나님과 재물을 겸하여 섬기지 못하느니라 마 6:19-24

누가 예수님 한 분만을 구하는 원띵(one thing)의 삶을 살아낼 수 있는가? 누가 중보자가 될 수 있는가? 누가 자기 삶의 문제가 없음에도 교회를 끌어안고 기도할 수 있는가? 누가 나라와 민족을 위해, 북한 땅을 위해 교회에 와서 철야기도를 할 수 있는가? 마태복음 6장 19-24절의 삶이 이루어진 사람이 할 수 있다.

기도자의 '로드십'(Lordship) 즉 '누가 주인인가' 하는 문제이다. 당신의 주인이 누구인가? 무엇 때문에 헌신하는가? 돈 때문인가, 내 부와 명예를 지키기 위해서인가, 두려움 때문인가? 오직 천국에 소망을 두고, 예수님만이 주인인 사람이 되기를 축원한다. 진짜 천국의 맛을 본 자들이 자신에게 아무 문제가 없어도 금식하며 밤낮으로 부르짖어 기도할 수 있다.

가끔 부유한 지역의 교회에 가서 집회할 때가 있다. 나는 그들의 부와 그 교회의 부와 지혜, 그들에게 부어진 권세가 유지되고 예수님을 위해 선용되기를 축원한다. 이것이 내 진심이다.

더 나아가 귀부인들과 고관대작들이 기도하고 부르짖는 자리로 들어가기를 원한다. 그래서 하늘의 신령한 것들을 맛보고, 하늘의 영광을 체험하고, 이 땅의 것을 넘어 하늘의 소망으로 충만한, 하늘에 속한 자들이 일어나길 축복한다. 그런 분들에게 하나님이 주시는 축복이 더 확장되기를 축원한다.

그럼에도 불구하고 밤이 새도록 기도하고 부르짖을 사람이 누구일까? 팔자가 세서 기도할 수밖에 없는 사람들인가? 그런 자들은 아버지의 마음을 듣길 바란다. 고난이 문제가 아니다. 당신에게 하나님나라를 붓기를 원하시는데 기도를 안 하니까 흔드시는 것이다. 때로는 우리를 하늘의 비밀한 자리로 초대하기 위함일 수 있다. 그것이 축복이다.

누가 하나님의 통로가 될 수 있는가? 하나님나라가 유일한 소망이기를, 보화가 하늘에 있는 사람이기를 축원한다. 하늘의 신비한 맛을 아는 자, 예수님과 은밀한 친밀감을 신비로 간직한 자, 예수님만이 자기의 안정의 기반인 자가 되기를 축원한다.

기도의 본질(마 6:25-34)

그의 나라와 그의 의를 구하라

그러므로 염려하여 이르기를 무엇을 먹을까 무엇을 마실까 무엇을 입을까 하지 말라 이는 다 이방인들이 구하는 것이라 너희 하늘 아버지께서 이 모든 것이 너희에게 있어야 할 줄을 아시느니라 그런즉 너희는 먼저 그의 나라와 그의 의를 구하라 그리하면 이 모든 것을 너희에게 더하시리라 마 6:31-33

먹는 것, 입는 것을 위해 기도하지 말라고 하신다. 11절의 "양식"은 먹는 것만을 뜻하지 않는다. 하나님이 우리의 모든 문제를 아시기에 염려하지 말라는 내용이다. 그런 것으로 구하지 말고 "그의 나라와 그의 의"를 구하라는 것이다. 하나님의 뜻이 이루어질 때 그의 나라와 그의 의가 이루어질 것이다.

어떻게 열방이 구원받을 수 있을까? 사실 현존하는 어떤 선교 전략도 모슬렘과 힌두교도에게 먹히지 않았다. 모슬렘이 대단해서가 아니라 교회가 졸고 있어서 그렇다. 그러나 한편으로는 그들이 기독교로 말미암아 긴장하고 있다.

오래전 〈알자지라〉 방송에서 모슬렘의 긴급회의 장면이 방송된 적이 있다. 너무 많은 모슬렘들이 기독교로 개종해서 대책을 논의한 것이었다. 많은 경우에 모슬렘들이 예수께 돌아오는 것은 선교사들의 전도에 의해서가 아니라 꿈과 환상을 통한 초자연적인 역사를 통해 예수를 만났기 때문이다.

심지어는 이맘(이슬람 교단의 지도자)이 목사가 되는 일들도 일어나고 있다. 어떻게 목사가 되었는지 물었더니, 라마단 기간에 예수님이 벽을 통과하여 그를 찾아오셨다고 했다. 실제적인 만남이 일어난 것이다. 수많은 대륙들이 모슬렘을 위해 기도하고 있으며, 그들이 주께 돌아오고 있다. 기도가 하나님나라를 확장시키고 있다.

한국의 부흥의 시기에도 초자연적인 기적이 많이 일어났다. 심지어 목사를 죽이겠다고 욕하며 교회 문을 열고 들어온 사람에게 방언이 터진 일도 있었다. 기도로 말미암아 일어난 기적들이었다. 하나님은 우리의 모든 필요를 다 알고 계신다. 그의 나라와 그의 의를 구하면 이 모든 것을 더하겠다고 하셨다.

날아가는 새도 키우시고 백합화도 자라나게 하시는 하나님이 "너희일까보냐?"라고 하셨다. 기도의 본질은 그의 나라와 그의 의를 구하는 것이다. 기도로 하나님나라가 오게 해야 한다. 모슬렘도 우리의 기도로 인해 도미노처럼 무너질 수 있다. 모슬렘과 힌두교도들을 복음화하기 위한 최고의 전략은 기도와 예배, 기도와 선포이다.

우리의 기도는 무당들이 비는 기도나 절에서 하는 기도와는 달라야 할 것이다. 하나님나라가 임하는 유일한 길은 어떤 전략도 아니다. 머리 좋은 사람들의 전략도 아니다. 만일 기도 외에 하나님께서 예비하신 다른 길이 있었다면, 예수님은 어부들을 제자로 부르시지 않고, 최고의 지식과 천재적인 머리를 가진 유대 랍비들 중에서 선발하셨을 것이다.

그리고 그들에게 가장 빠른 시간 안에 세상을 복음화할 전략과 방법, 마케팅과 경영의 원리를 가져오라고 하셨을 것이다. 그러나 우리는 하나님나라의 무수한 전략들을 기도와 예배를 통해 땅에 끌어내리는 자들이다. 하나님나라가 땅에 임하고 있다. 그의 나라와 그의 의를 구하면 이 모든 것을 더하신다.

다니엘에게 하나님의 총명이 임하자 바벨론의 모든 소년들보다 탁월해졌다. 마지막 때일수록 바벨론 시스템이 더 강력해질 것이다. 그래서 기도의 집에서 다니엘의 세대, 요셉의 세대, 다윗의 세대를 일으켜야 한다. 다니엘은 바벨론을, 요셉은 애굽을 이끌었다. 이들은 목숨을 걸고 기도한 자들이다.

기도하는 세대가 일어나 기도의 집에서 하나님나라가 이 땅에 임하도록 기도해야 한다. 벧엘이 땅에 임하기를 구해야 한다. 마지막 때는 벧엘과 바벨론의 싸움이다. 벧엘 시스템과 바벨론 시스템의 전쟁인 것이다.

우리의 기도의 신학을 바꿔야 한다. 이제까지 기도는 고난과 문제가 있을 때 주로 하는 것으로 잘못 배웠다. 그러나 예수님은 문제 때문에 기도하지 않으셨다. 그의 나라를 구하셨다. 우리가 그의 나라를 구하면 우리의 문제 또한 해결해주실 것이다. 이 모든 것을 더해주신다고 약속하셨다.

가장 높고 위대한 부르심은 예배와 기도의 자리를 지키는 것이다. 그의 나라가 이 땅에 오게 하는 통로가 되는 것이다. 하나님 나라가 이 땅에 오는 가장 빠르고 유일한 길은 기도이다. 그래서 열매가 눈에 보이지 않지만 그 자리에서 목숨을 걸고 씨름하는 이들이 가장 높은 부르심, 가장 위대한 삶을 살아내는 자들이다.

공의와 정의를 구하라

예수께서 그들에게 항상 기도하고 낙심하지 말아야 할 것을 비유로 말씀하여 이르시되 어떤 도시에 하나님을 두려워하지 않고 사람을 무시하는 한 재판장이 있는데 그 도시에 한 과부가 있어 자주 그에게 가서 내 원수에 대한 나의 원한을 풀어주소서 하되 그가 얼마 동안 듣지 아니하다가 후에 속으로 생각하되 내가 하나님을 두려워하지 않고 사람을 무시하나 이 과부가 나를 번거롭게 하니 내가 그 원한을 풀어주리라 그렇지 않으면 늘 와서 나를 괴롭게 하리라 하였느니라 주께서 또 이르시되 불의한 재판장이 말한 것을 들으라 하물며 하나님께서 그 밤낮 부르짖는 택하신 자들의 원한을 풀어주지 아니하시겠느냐 그들에게 오래 참으시겠느냐 내가 너희에게 이르노니 속히 그 원한을 풀어주시리라 그러나 인자가 올 때에 세상에서 믿음을 보겠느냐 하시니라 눅 18:1-8

예수님이 불의한 재판장의 비유를 들어서 끝까지 기도해야 함을 강조하셨다. 이 불의한 재판장은 무신론자에다 아무도 무서워하지 않는 안하무인이었다. 그런데 그가 과부의 원한을 풀어주기로 결정한다. 과부가 끊임없이 찾아와서 귀찮게 했기 때문이다.

예수님의 비유는 이렇게 악한 사람도 귀찮게 하면 들어주는데 하나님이 왜 안 들어주시겠느냐는 뜻이다. 이 과부처럼 성도가 기도해야 할 이유가 있다.

하물며 하나님께서 그 밤낮 부르짖는 택하신 자들의 원한을 풀어주지 아니하시겠느냐 그들에게 오래 참으시겠느냐 눅 18:7

7절의 "원한"은 NIV성경에서는 'justice'라고 번역되어있다. 원어에도 이 "원한"이라는 단어에는 '정의'라는 의미가 포함되어있다. 성도가 정의를 위하여 부르짖어야 한다는 뜻이다.

기도의 집이 그들의 도시를 위해 기도할 때 하나님의 뜻이 임하고 부조리가 변화된다. 억울함이 풀어지고, 정직이 당연시된다.

마이클 샌델이라는 하버드 교수가 쓴 《정의란 무엇인가》라는 책이 전 세계의 이슈가 되었다. "정의란 없으며 절대정의를 주장하면 안 된다"는 것이 그의 결론이었다.

그럴듯하지만 그것은 반기독교적 정신이다. 종교다원주의, 다신주의라 할 수 있다. 우리에겐 절대정의가 있다. 예수 그리스도이다. 그분이 진리이다. 왜 우리는 마지막 때를 외치는가? 왜 기도의 집은 요한계시록을 가르치는가? 왜 예수님이 속히 오시기를 원하는가? 그때 비로소 모든 것이 회복되기 때문이다.

예수님이 오시는 날은 가장 위대한 정의가 성취되는 날이다. 모든 거짓 정의가 무너지고, 모든 것이 회복되는 날이다. 그래서 누가복음 18장에서 그 원한을 풀어달라고 기도한다. 성도들의 원한이 있다는 것이다. 택함을 받은 백성들에게 원한이 있는데, 그것은 이 땅의 불의함 때문이다.

탈취당한 하나님의 영광의 자리에 어둠이 서 있는 것을 보고 부르짖어야 한다. 이것이 성도들의 원통함이다. 당연히 이 땅에서 하나님이 영광을 받으셔야 하는데, 그렇지 못한 것이 원통하다. 그래서 예수님이 "인자가 올 때 세상에서 믿음을 보겠느냐"라고 하신 것이다.

예수님이 과부와 같은 기도를 일으키고 계신다. 먹는 것과 입는 문제를 넘어 하나님나라가 이 땅에 오도록 요청하는 기도를 일으키고 계신다. 가장 온전한 정의, 마땅히 이 땅에 이루어져야 할 정의는 예수님이 오심으로 이루어진다.

기도의 영

기도의 집, 하늘 문을 여는 벧엘

예수께서 나가사 습관을 따라 감람 산에 가시매 제자들도 따라 갔더니 그곳에 이르러 그들에게 이르시되 유혹에 빠지지 않게 기도하라 하시고 그들을 떠나 돌 던질 만큼 가서 무릎을 꿇고 기도하여 이르시되 아버지여 만일 아버지의 뜻이거든 이 잔을 내게서 옮기시옵소서 그러나 내 원대로 마시옵고 아버지의 원대로 되기를 원하나이다 하시니 천사가 하늘로부터 예수께 나타나 힘을 더하더라 예수께서 힘쓰고 애써 더욱 간절히 기도하시니 땀이 땅에 떨어지는 핏방울같이 되더라 눅 22:39-44

기도의 집은 예수님이 이 땅의 어둠을 바꾸어 아침이 오도록 요청하는 기도를 하는 곳이다. 기도와 예배는 하늘을 열어 하나님나라가 이 땅에 쏟아지게 한다.

성경에서 '땅'은 중요한 의미가 있다. 하나님이 땅으로 약속을 하신다. 땅에는 하나님의 약속과 함께 부르심이 있다. 하나님께서 아브라함에게 가나안 땅을 주겠다고 약속하셨다. 벧엘에서 돌베개를 베고 자던 야곱에게 나타나셔서 그 땅을 주겠다고 약속하셨다. 벧엘은 하늘이 열린 곳이다. 하늘이 이 땅에 임하기를 원했던 곳이다.

이 땅의 도시는 두 존재에 의해 형성된다. 사탄에 의해 만들어지든지 하나님에 의해 만들어진다. 사탄에게 거대한 제물을 드린 후에 형성된 도시들이 있고, 사탄의 거대한 위(位)가 있는 곳이 있다. 하지만 대부분은 하나님이 세우신다.

각 도시는 부르심이 있다. 야곱이 꿈을 꿀 때 천사들이 오르락내리락했던 벧엘의 부르심이 있었다. 이제 하나님은 그분의 땅들을 지명하여 부르신다. 그 땅들의 부르심을 이루시려 하신다. 기도의 집이 열릴 때 비로소 그 땅들이 열리게 될 것이다.

창세기 22장에서 이삭을 바쳤던 모리아 산이 오르난의 타작마당이 되었다. 다윗이 그곳에서 제사를 드리자 이스라엘의 저주가 끊어졌다(대상 21:1-30). 그 자리에 솔로몬의 성전이 세워졌다. 그 자리에서 예수님이 십자가에 죽으심으로 모든 인류의 구원의 문이 열렸다.

하나님께서 이 마지막 때에 하늘 문을 열고 계신다. 비록 사탄의 종들을 통해 악한 영계를 여는 어둠의 거대한 예배 운동이 벌어지고 있지만 하나님이 먼저 그 일을 시작하셨다. 사탄은 하나님의 일을 흉내 낼 뿐이다.

하나님은 벧엘을 세우신다. 기도와 예배로 하늘 문을 여신다. 그리고 하늘과 땅이 소통하는 곳을 부르고 계신다. 모든 닫힌 하늘을 여는 처소를 세우고 계신다. 마지막 때에 하나님이 더 강력한 영계를 여실 것이다. 성경의 초자연적인 현상(supernatural)은 이야기가 아니고 실재가 될 것이다.

이 땅들이 구속되기 바란다. 이 도시가 하나님의 것이 되기 원한다. 우리를 부르신 그 도시가 그분의 것이 되기 원한다. 하나님께서 마지막 때에 기도의 집들을 일으키고 계신다. 그곳은 벧엘이다. 천사가 오르락내리락하고, 하늘의 영이 열리는 곳이다. 오늘 그곳에 기도의 영이 부어지고 있다. 우리의 영들이 깨어나고 있다. 살아나고 있다.

하나님이 벧엘을 열고 계시는데, 그곳에서 가장 중요한 것은 기도의 영이다. 기도의 집에는 기도의 영, 성령님이 운행하셔야 한다. 기도의 집은 벧엘이어서 하늘과 땅이 열려야 한다. 오늘, 공간에 임하는 임재를 넘어 하늘 문이 열려야 한다. 하늘을 여는 천사들이 우리에게 필요하다.

기도의 기름부으심을 넘어 기도의 영으로

기도의 기름부으심과 기도의 영이 있다. 많은 기도의 집에 기도의 기름부음이 있는 것을 본다. 그러나 기도의 기름부음만을 가지고는 트랜스포메이션이 일어나지 않는다. 많은 기도의 집들이 기도의 기름부음으로 끝난다. 임재 안에서 기도하기에 행복하고 즐겁다. 치유와 은사가 있다.

거기서 더 나아가야 한다. 우리는 단순히 즐기기 위해 기도의 집에 있는 것이 아니기 때문이다. 임재의 행복 속에 묻혀 있으려고 기도하는 것이 아니다. 마태복음 17장에서 변화산에 있던 제자들은 그곳에서 살자고 말했다. 예수님은 그곳에서 살라고 그들을 부르신 것이 아니다.

교회의 DNA는 임재 속에서 노는 것이 아니라 하늘을 열어 하늘과 땅이 만나게 하는 것이다. 어둠이 있는 두 번째 하늘을 뚫고 세 번째 하늘과 땅이 만나게 하는 것이다. 그것을 '열린 하늘'(Open Heaven)이라고 한다.

하늘의 천사가 오르락내리락하는 장소들이 있다. 예수님이 다윗의 장막을 그런 곳으로 부르신다. 이 땅의 교회들은 임재를 즐기는 것을 넘어서 하늘을 뚫어내야 한다.

기도의 기름부음

먼저 기도의 기름부음이 있어야 한다. 이것은 시작이기에 절대적으로 필요하다. 기도의 기름부음은 성령 안에서 기도하는 것이다. 성령으로 기도가 되는 것이다. 기도의 기름부음이 임하면 기도가 즐겁다. 기도의 임재를 누리게 된다. 로마서 8장 26-28절이 그 내용이다.

이와 같이 성령도 우리의 연약함을 도우시나니 우리는 마땅히 기

도할 바를 알지 못하나 오직 성령이 말할 수 없는 탄식으로 우리를 위하여 친히 간구하시느니라 롬 8:26

기도할 마음이 있지만 마땅히 빌 바를 알지 못하는 연약함 가운데 우리가 탄식할 때, 우리를 도우셔서 올바른 기도의 자리로 이끌어 오신다. 그리고 기도의 소원을 주신다. 때로는 성령이 깨워서 기도를 시키신다. 기도하고 싶은 갈망이 일어난다. 성령이 탄식하며 회개의 영으로 오신다. 구원의 기쁨과 자원하는 심령이 일어난다.

기도의 기름부음이 더 강해지길 축복한다. 거기서 성령님과 코이노니아가 이루어진다. 성령님이 기도의 교통함을 통해 서로를 위해 기도하게 하신다. 때로 우리가 나누지 않은 하나님나라 차원의 기도를 하게 하신다. 기도의 영이 충만해질 때 본질적 기도를 하게 되고, 주의 전을 사모하는 심령이 나오기 시작한다. 이것이 기도의 기름부음의 증거이다.

성령에 이끌려 기도하라. 성령이 기도하게 하라. 모든 교회가 기도를 사모하게 되기를 바란다. 그래서 모든 것이 합력하여 선을 이루기 바란다. "내 원대로 마시고 아버지의 원대로 되기를 원합니다"라고 기도하라.

기도의 기름부음을 달라고 기도하라. 이것이 임하면 때론 자다가 깨어 기도하게 된다. 우리의 지체에게 위험이 닥칠 때 성령이 깨워 기도하게 하시는 경우가 있다. 어느 정도 기도를 한 공동체에는 기도의 기름부음이 풀어지고 임재가 있다.

그러나 그것이 끝은 아니다. 그것으로 끝나면 안 된다. 기도의 기름부음은 시작이다. 우리를 기도의 자리로, 아버지의 품으로의 갈망을 일으켜서 기도하고 싶어지게 만드는 것이다.

예수께서 나가사 습관을 따라 감람 산에 가시매 제자들도 따라갔더니… 천사가 하늘로부터 예수께 나타나 힘을 더하더라

눅 22:39,43

예수님은 습관을 따라 기도하셨다. 이것이 제자의 표상이다. 기도는 제자의 상징이다. 성경을 몇 구절 암송했는지가 중요한 것이 아니다. 그것은 제자가 되기 위해 반드시 거쳐야 할 훈련이다. 그 모든 기초 위에 기도가 열려야 한다. 능력이 임해야 한다.

제자훈련의 완성은 사도행전 2장이다. 그 전의 제자들은 어리석었다. 복음서에는 슈퍼맨 같은 예수님과 어리석은 제자들의 모습이 많이 그려져 있다.

복음서에는 예수님의 위대함이 드러나 있다. 이와 대비되는 제자들의 연약함도 많이 기록되어있다. 아무것도 아닌 그들, 사고만 일으켰던 그들, 예수님을 참으로 어렵게 만들었던 그들, 안식일에 예수님을 욕먹게 만들었던 제자들의 모습이.

데오빌로여 내가 먼저 쓴 글에는 무릇 예수께서 행하시며 가르치시기를 시작하심부터 그가 택하신 사도들에게 성령으로 명하시고 승천하신 날까지의 일을 기록하였노라 행 1:1,2

누가가 기록한 사도행전을 읽다 보면 제자들이 전혀 새롭게 바뀌었음을 발견한다. 나약했던 제자들 모두가 순교했다. 예수님의 생애를 재현해내기 시작했다. 당시 유대교 지도자들은 예수님을 죽이면 예수교가 끝날 줄 알았다. 그런데 예수님이 부활하신 지 50일이 지나자 여기저기서 갑자기 예수들이 나타나기 시작했다.

예수님이 살아계실 때보다 더 급격하게 예수교가 번져갔다. 기도를 알고 성령님과 소통하기 시작한 제자들 때문이었다. 그들이 배운 유일한 것은 기도였다.

그들이 기도할 때 성령으로부터 가르침을 받았다. 예수님과 함께했던 3년 반 동안 이해할 수 없었던 것을 이해하기 시작했다. 제자는 기도하는 자이다. 기도하는 제자들이 되라. 그 일을 위해 기도의 기름부음과 기도의 영이신 성령님의 충만이 필요하다.

기도의 영

천사가 하늘로부터 예수께 나타나 힘을 더하더라 눅 22:43

하나님의 아들 예수님도 하늘의 천사가 와서 도왔다. 예수님의 생애 가운데 가장 치열한 싸움을 하는 순간이었다.

마태복음 4장의 싸움보다 어쩌면 더 버거운 싸움이었을 것이다. 인류 구원을 앞두고, 십자가를 앞에 두고, 제자들이 다 배도하기 직전에 예수님이 바쁘게 싸우셨다. 한쪽에서는 예수님이 인류 구원을 위한 대전쟁을 치르시는데, 제자들은 완전히 졸며 잠을 잤다. 자신들의 눈앞에 배도의 순간이 다가오고 있는 것도 모르고 졸고 있었다.

예수님이 제자들을 깨우셨다. 하지만 그들은 그냥 존 것이 아니라 짓눌려 있었다. 우리도 때때로 강력한 돌파의 순간에 짓눌릴 때가 있다. 이것을 뚫어낼 힘이 필요하다. 동일하게 예수님도 짓눌리셨다. 그래서 온 힘을 다해 기도의 씨름, 에베소서 6장 12절의 씨름을 하셨다.

우리의 씨름은 혈과 육을 상대하는 것이 아니요 통치자들과 권세들과 이 어둠의 세상 주관자들과 하늘에 있는 악의 영들을 상대함이라 엡 6:12

이 씨름에 제자들은 짓눌렸다. 단순한 육신의 피곤함이 아니었다. 예수님이 다 이겨놓으시고 자라고 허락하시는 장면이 나온다. 이것이 돌파의 영이고 전투하는 영이다. 부흥의 임재만 가지고는, 변화산의 황홀경만 가지고는 부흥이 오지 않는다.

기도의 영이 파송되기를 바란다. 돌파하는 영이 부어지기를 바란다. 예수님을 돕던 천사가 보내져야 한다. 영적인 실재인 정사와 권세와 맞닥뜨릴 때가 있다. 때로는 두렵기도 하고 무겁게 짓눌리기도 한다. 그러나 성령을 좇아 간절히 기도하면 누군가 돕는 것을 느낄 때가 있다. 그것이 기도를 돕는 천사이다.

야곱은 홀로 남았더니 어떤 사람이 날이 새도록 야곱과 씨름하다가 자기가 야곱을 이기지 못함을 보고 그가 야곱의 허벅지 관절을 치매 야곱의 허벅지 관절이 그 사람과 씨름할 때에 어긋났더라

창 32:24,25

야곱은 얍복 강가에서 천사와 씨름을 했다. 그를 찾아온 천사의 목적이 무엇이었을까? 그를 이기려는 것이 목적은 아니었던 것 같다. 이 씨름을 통해 놀라운 일이 일어난다. 환경이 변화되고 야곱에게 위협적으로 다가왔던 에서의 군대가 의병으로 바뀐다. 이 씨름은 야곱의 일생을 건 싸움이었다. 그가 쌓아왔던 모든 것이 한순간에 무너질 수도 있는 위기였다.

형님이 400명의 군대를 데리고 온다는 소식을 듣고 야곱이 무릎을 꿇고 기도할 때 한 천사가 그를 찾아왔다. 그런데 그가 예수님이 기도하시듯 씨름하고 나니까 환경이 바뀐다. 돌파가 일

어난 것이다.

한 손이 있어 나를 어루만지기로 내가 떨었더니 그가 내 무릎과
손바닥이 땅에 닿게 일으키고 내게 이르되 큰 은총을 받은 사람
다니엘아 내가 네게 이르는 말을 깨닫고 일어서라 내가 네게 보내
심을 받았느니라 하더라 그가 내게 이 말을 한 후에 내가 떨며 일
어서니 그가 내게 이르되 다니엘아 두려워하지 말라 네가 깨달으
려 하여 네 하나님 앞에 스스로 겸비하게 하기로 결심하던 첫날부
터 네 말이 응답 받았으므로 내가 네 말로 말미암아 왔느니라 그
런데 바사 왕국의 군주가 이십일 일 동안 나를 막았으므로 내가
거기 바사 왕국의 왕들과 함께 머물러 있더니 가장 높은 군주 중
하나인 미가엘이 와서 나를 도와주므로 이제 내가 마지막 날에 네
백성이 당할 일을 네게 깨닫게 하러 왔노라 이는 이 환상이 오랜
후의 일임이라 하더라 단 10:10-14

다니엘은 미래에 일어날 일을 보았다. 그런데 그것이 해석이 되
질 않았다. 하지만 그는 포기하지 않았다. 21일 동안 기도했다.
날수를 정해놓은 것이 아니었다. 그런데 21일 만에 하늘 문이 열
렸다. 이것은 숫자 21을 의미하는 것이 아니라 완전히 꽉 찬 기
도를 의미한다.
다니엘이 포기하지 않고 계속 기도했더니 천사가 나타났다.

돌파의 영이 임하고 하늘 문이 열렸다. 응답을 가지고 오던 계시의 천사가 묶여있었다. 천사는 "네가 계속 기도할 때 미가엘이 내게 와서 도와줬다"라고 설명했다.

당신의 기도가 하늘을 열기를 바란다. 기도의 영을 받기 바란다. 전쟁하는 천사들이 보내지기를 바란다. 어떤 때 이 영이 파송되는가? 주기도문적 기도를 할 때, 하나님나라를 구할 때, 성령을 따라 하나님나라를 구하고 침노할 때 보내진다.

하나님나라 차원의 기도는 다른 말로 '영적전쟁을 하는 기도'이다. 좀 더 구체적으로 '전투하는 기도'이다. 씨름하는 기도를 할 때 기도의 영이 파송된다.

성령으로 기도하는 기름부음을 넘어 하늘을 열고 전쟁하는 돌파의 영들이 오기를 기도하자. 기도의 장군들이 필요하다. 어둠의 영들과 맞짱뜰 수 있는 장수들이 필요하다. 임재를 누리는 것을 넘어 어둠과 싸울 수 있는 장수가 필요하다.

우리는 신부로서 예수님과 친밀한 동시에 군대로서 점령하는 기도를 해야 한다. 예수님이 우리와 함께 싸우실 것이다. 그분이 하늘의 군대들을 파송하실 것이다. 기도의 영들로 말미암아 상황과 여건을 뛰어넘어 기도하는 사람들이 일어나야 한다. 그렇게 변화를 가져오도록 하나님이 부르시는 자들이 있다.

함께 기도하기

→● 우리에게 기도를 가르쳐주십시오. 그 나라와 그 의를 위해
   기도할 수 있게 해주십시오. 기도의 영을 부어주십시오.

→● 우리가 기도하는 이곳에 영의 세계가 열리길 원합니다.
   하늘 문이 열려 하나님나라가 임하게 해주소서. 계시의
   천사, 전쟁하는 천사, 예배하는 천사, 기도의 천사들이
   오게 해주소서. 우리가 있는 곳이 벧엘이 되게 해주소서.
   기도의 영이 있는 곳이 되게 해주소서.

→● 돌파의 영을 보내주소서. 다스리고 정복하는 자들을 일
   으켜주소서.

→● 하나님의 도시들을 일으켜주소서. 우리의 땅들이 주께
   돌아오게 해주소서. 각 도시의 부르심이 풀어지게 해주
   소서.

CHAPTER 5

타작마당,
다윗의 장막의
시작

기돈의 타작마당에 이르러서는
소들이 뛰므로 웃사가 손을 펴서 궤를 붙들었더니
웃사가 손을 펴서 궤를 붙듦으로 말미암아
여호와께서 진노하사 치시매
그가 거기 하나님 앞에서 죽으니라
여호와께서 웃사의 몸을 찢으셨으므로
다윗이 노하여 그곳을 베레스 웃사라 부르니
그 이름이 오늘까지 이르니라

대상 13:9-11

나는 IHOP을 방문한 뒤, '마이클 비클은 어떻게 수많은 젊은 이들을 모아놓고 주야로 쉬지 않는 24/7예배를 할 생각을 했을까?' 하는 의문이 생겼다. 그런데 성경에서 이 일을 먼저 했던 사람이 있음을 깨달았다. 바로 다윗이다.

역대상 16장을 보면 다윗은 뮤지션들과 싱어들을 세워놓고 그가 왕위를 내려놓을 때까지 33년 동안 예배와 기도가 멈추지 않게 했다. 자신의 집 앞마당에 장막을 치고 주야로 쉬지 않고 법궤를 모셔 예배했다. 이것은 예배에 미친 한 왕의 해프닝이 아니다. 하나님의 섭리였다.

그렇다면 하나님의 시간 가운데 다윗의 장막은 무엇일까? 연구할수록 확신이 들었다. 이것이 마지막 때의 교회의 모습이 될 것이라고. 교회는 기도의 집이고, 기도의 집이 교회이다. 이것이 다윗의 장막이다. 교회와 기도의 집을 분리해서는 안 된다.

기도의 집은 가장 본질적이고 성경적인 교회이다. 온 열방의 기도의 집들에 부흥이 임할 것이다. 예수님은 교회를 부르셨다. 마지막 때를 이길 교회의 시스템을 만들고 계신 것이다. 그 일이 시작되었다.

역대상 11장에서 비로소 다윗은 남북 이스라엘의 온전한 왕이 된다. 왕이 된 그에게는 소원이 있었다.

내가 여호와께 바라는 한 가지 일 그것을 구하리니 곧 내가 내 평
생에 여호와의 집에 살면서 여호와의 아름다움을 바라보며 그의
성전에서 사모하는 그것이라 시 27:4

이것은 다윗이 하나님께 항의하는 내용이다.
"내가 언제 왕이 되기를 구했습니까? 유명해지기를, 권력을 얻
기를 구했습니까? 내 소원은 오직 하나님의 아름다움을 바라보
며 사는 것뿐입니다."

예배할 수 없는 것이 다윗에게는 가장 큰 고통이었다. 법궤가
어디 있는지 알지만 갈 수 없고, 성전에 가고 싶지만 갈 수 없는
고통을 토로한다. 그는 사울 왕을 피해 도망 다니면서 법궤가
있는 곳을 그리워했다. "예수님을 갈망합니다. 내가 한 가지를
구합니다"라고 고백했다.

이 고백이 있는가? 예배를 갈망했던 다윗, 법궤를 버리고 도망
가야 했던 다윗, 마음껏 예루살렘에서 노래하고 싶었던 다윗을
생각해보라. 그는 생애 가운데 많은 시간을 예배할 수 없었고 도

망가야 했다. 그래서 연인보다 더 사랑하는 법궤를 멀리서 훔쳐볼 수밖에 없었다.

예배를 못 드려서 울어본 적이 있는가? 마음껏 예배하고 싶은데 예배할 처소가 없어서 울어본 적이 있는가? 다윗은 그 경험이 있었다. 다윗의 영이 부어지길 바란다. 이 영으로부터 다윗의 장막은 시작된다. 하나님이 그런 자를 찾고 계신다. 그를 세워 왕이 되게 했더니 온 나라가 33년 동안 예배하는 나라가 되었다. 그런 정치가가 일어나기를 바란다.

한 가지를 구하는 사람, 그들이 가는 곳에 다윗의 장막이 세워진다. 그들이 일어나면 국회에 기도의 집이 세워질 것이다. 교육하는 곳에도 기도의 집이 세워질 것이다. 그 영을 우리에게 부으시기를 구하라.

기도의 집에 중요한 것이 있다. 다윗의 영이 그 모든 것의 기초이다. 다윗이 없는 기도의 집은 가짜이다. 왜 하나님께서 오늘날 기도의 집에 아가서를 풀어주시는가? 역사 속에서 아가서는 가장 많은 논란이 있었다. 정경 논란이 있었고, 성경을 찾아낼 때마다 아가서를 없애자고 했다. 연애편지 같은 것이 무슨 성경이냐며 넣었다 뺐다 했지만 기적같이 살아남았다.

그런데 이 책이 전 세계의 기도의 집에서 읽히고 있다. 아가서에는 신부의 성장 과정이 그려져 있다. 하나님의 신부들이 어떻게 성장하는지 나와 있다.

너는 나를 도장같이 마음에 품고 도장같이 팔에 두라 사랑은 죽음같이 강하고 질투는 스올같이 잔인하며 불길같이 일어나니 그 기세가 여호와의 불과 같으니라 많은 물도 이 사랑을 끄지 못하겠고 홍수라도 삼키지 못하나니 사람이 그의 온 가산을 다 주고 사랑과 바꾸려 할지라도 오히려 멸시를 받으리라 아 8:6,7

아가서의 순교도 두렵지 않은 불같은 사랑이 임하기를 원한다. 이 책이 풀어질 때 비로소 마지막 때를 통과할 수 있다. 아가서에는 많은 물로도 끌 수 없는 불같은 사랑이 표현되어있다. 그것이 다윗이다. 다윗의 영이 필요하다.

가장 완전했던 에베소교회에 이것이 없었다. "예수님의 사랑을 우리에게 부어주십시오"라고 구하라. 이것을 놓치고 달려가고 있다면 유명해지거나 부자가 되면 안 된다. 겉은 성공한 것 같아도 망해버릴 수가 있다.

이 마음을 가진 다윗이 모든 것을 할 수 있는 왕이 되었다. 그러자 연인보다 사랑하는 법궤를 모셔오는 일을 시작했다. 그는 너무 좋아서 춤을 췄다. 그러다가 기돈의 타작마당에 이르러 사건이 벌어졌다.

"소가 뛰었다"는 표현이 나오는데 이것은 소가 미쳐 날뛰었다는 뜻이다. 그리고 그 날뛰는 소에 의해 한 사람이 비참히 죽는다. 웃사의 죽음을 두고 "찢었다"라는 표현을 쓰고 있다. 여호와

께서 찢으신 것이다. 곱게 죽은 것이 아니다. 갑자기 잔칫집이 초
상집이 되었다.

그래서 법궤는 오벧에돔의 집으로 갔다. 소가 왜 하필이면 기
돈의 타작마당에서 날뛰었겠는가? 하나님이 개입하신 것이다. 왜
타작마당인가? 역대상 21장에 보면 "오르난의 타작마당"(18절)이
라는 구절이 나온다. 이스라엘의 저주가 그곳에서 멈추었다. 그
자리에서 제사가 드려지고, 성전이 지어졌다. 그리고 아주 오래
전에 그곳에서 아브라함이 이삭을 바쳤다.

성경에서 쓰인 타작마당의 세 가지 의미

하나님의 심판, 하나님의 마지막 날, 하나님의 때

'타작마당'은 예레미야 51장 33절, 다니엘 2장 35절, 미가 4장
12절, 마태복음 3장 12절 등에서 찾아볼 수 있다. 대표적으로 마
태복음 3장 12절을 살펴보자.

손에 키를 들고 자기의 타작마당을 정하게 하사 알곡은 모아 곳
간에 들이고 쭉정이는 꺼지지 않는 불에 태우시리라

예수님이 "손에 키를 들고 자기의 타작마당을 정하게 하실 것이다"라고 말씀하신다. 타작마당은 마지막 때를 의미한다.

이 기도의 집, 다윗의 장막이 다시 시작될 때가 바로 마지막 때이다. 역사 속에 24시간 기도가 몇 번 있기는 했다. 소수의 수도원 운동과 진젠도르프 백작의 기도 운동에서 그 일이 일어났다. 하지만 다윗의 장막의 영은 아니었다. 릴레이 기도, 쉬지 않는 기도가 있었지만 아주 지엽적이었다.

그러나 오늘날 하나님이 새 일을 행하고 계신다. 가장 짧은 시간에, 가장 빠른 속도로, 가장 광범위하게 세워지고 있는 것이 기도의 집이다. 그것이 Prayer Tower(기도 탑)다. 예수님은 그분의 집을 "만민이 기도하는 집"이라고 선포하셨다.

예수님이 타작마당을 결정하실 즈음에 다윗의 장막이 일어날 것이다. 요즘 다윗의 장막이 전 지구적으로 일어나는 것은 그분이 오실 날이 가까움을 의미한다. 크고 두려운 날이 가까이 다가왔다. 위대한 영광의 날과 두려운 날이 동시에 움직이고 있다.

하나님의 영광의 추수가 임할 것이며, 이제까지 없던 지구상의 부흥이 올 것이고, 어둠의 때도 다가올 것이다. 예수님의 날이 다가오고 있다. 기도의 집이 마지막 때의 교회의 모습이 될 것이다. 오늘, 우리는 타작마당에 다가가고 있다.

마지막 때 예수님의 계획을 알아야 한다

우리가 주목해야 할 요한계시록의 말씀이 있다. 왜 기도의 집에서 요한계시록을 가르치는가? 기도의 집과 마지막 때는 함께 가기 때문이다. 우리는 예수님의 계획을 알아야 한다. 성령이 교회들에게 하시는 음성을 들어야 한다. 하나님의 전쟁 계획을 알아야 하기 때문이다.

기독교는 돌고 도는 윤회 사상이 아니다. 창조의 시작(창 1:1)에서 완성(consummation)의 끝(계 22:21)을 향해 정직하게 가고 있다. 지금 우리가 사는 시대는 시작보다 끝에 더 가깝다.

나도 요한계시록이 다 상징이고 비유라고 여겼던 때가 있었다. 그러다가 3년 전부터 정직하게 성경을 보기 시작했다. 내 신학적 선입견을 무너뜨리고 성경과 직면했다.

예수님이 오실 날이 가깝다. 요한계시록은 비유가 아니다. 거기에 하나님의 계획이 다 적혀 있다. 이 마지막 때를 어떻게 살아야 할지를 깨달아야 한다.

왜 우리는 기도의 집을 이야기하면서 다니엘을 말하는가? 왜 기도의 집에서 다니엘 세대를 외치는가? 이스라엘이 범죄해서 하나님의 때가 이르렀지만 대부분의 거짓 선지자들이 평안하다고 외쳤다. 소수의 선지자들만이 올곧게 예언했다.

우리가 범죄함으로 하나님의 심판이 올 것인데 그때 저항하지 말고 잡혀가야 한다. 그리고 그 바벨론에서 살아남는 법을 배워야 한다. 이 언약을 믿은 소수가 그때를 준비했다. 대부분의 사람들은 거짓 예언을 믿었다. 하나님의 때가 왔을 때 그것에 저항한 자들은 죽임을 당했다.

그러나 하나님이 주신 예언을 듣고 바벨론에 끌려갔던 자들이 다니엘과 세 친구, 에스라, 느헤미야와 같은 자들이다. 우리는 다음세대를 다니엘과 같은 세대로 키우고 있다. 거대해지는 바벨론 시스템에서 넉넉히 살아남는 법을 가르친다.

다니엘은 바벨론이라는 엄청난 시스템에서 모래보다 작은 자였고 포로였지만 바벨론을 끌어가는 지도자가 되었다. 다음세대가 바벨론의 영성에 끌려가는 것이 아니라 그것을 끌어가는 자들이 되어야 한다. 그것이 기도의 집에서 이루어진다.

기도의 집은 타작마당에 이르러 벌어지는 일이다. 역사 속에 몇 번 있었던 것과 다른 양상이다. 전 지구적으로 24시간 기도의 집들이 일어나고 있다. 숫자를 헤아릴 수가 없다. 지금 예수님이 교회를 바꾸고 계신다.

예수님이 "성전을 무너뜨리라"고 하셨다. 사흘 만에 다시 지을 테니 무너뜨리라고 하셨다. 성전은 끝났다. 예수님이 죽으시고 부활하신 이후에 교회가 태어났다. 교회의 정체성이 무엇인가? 예수님이 성전을 뒤엎으시면서 "내 집은 만민이 기도하는 집"이라고 선포하셨다.

마지막 때 교회의 정체성이 이것이다. 교회는 기도의 집이 되어야 한다. 그곳에서 다니엘과 요셉과 다윗이 일어날 것이다. 그 영이 부어질 것이다. 요한계시록에 중요한 말씀이 있다.

기도로 예수님과 동역하라

그 어린양이 나아와서 보좌에 앉으신 이의 오른손에서 두루마리를 취하시니라 그 두루마리를 취하시매 네 생물과 이십사 장로들이 그 어린양 앞에 엎드려 각각 거문고와 향이 가득한 금 대접을 가졌으니 이 향은 성도의 기도들이라 계 5:7,8

인을 뗄 자가 없어서 요한이 울고 있을 때 어린양이 그 인을 떼셨다. 그 마지막 시스템이 진행될 때 무슨 일이 일어나는가? 요한계시록 5장 8절에 찬양을 상징하는 "거문고"와 향이 가득한 "금 대접"이 보인다. 향은 성도의 기도를 상징한다. 기도가 가득 채워진 것이다.

예수님이 급하시다. 속히 오기를 원하신다. 예수님이 보좌에서 일어나 군대를 몰고 오고 싶어 하신다. 하루를 천 년같이, 천 년을 하루같이 인내하며 기다리셨다. 예수님이 마지막 계획을 세우고 계신다. 우리의 인격과 자유를 무너뜨리지 않는 한에서 짧은 시간에 가장 많은 사람을 구원하기 위한 계획을 세우시고 진행하신다. 그것이 '마지막 시간'(End-Time) 프로세스이다.

예수님이 어떻게 오시는가? 그분이 어떻게 요한계시록 6장을 진행하실 수 있는가? 그 열쇠가 5장 8절에 있다. 계시록 4-5장은 천상의 예배를 그리고 있다. 하늘의 예배와 땅의 예배가 만나는 날, 벧엘이 열려서 하늘과 땅이 예배하며 성도들의 기도가 하늘에 가득 차는 날이다.

예수님이 열방에서 기도의 제물들과 기도의 향을 일으키고 계신다. 전 지구적으로 기도의 향을 올려 보내고 있다. 금 대접을 채우라. 열방에 기도의 제물들이 풀어지고 있다. 예전에 통성기도는 한국 민족만의 것이었지만 지금은 그렇지 않다. 한국보다 더 뜨겁게 기도하는 많은 민족들이 일어나고 있다.

강력한 기도의 제물이 열방에서 하늘로 올라가며 기도의 제단들이 세워지고 있다. 비어있던 금 대접이 가득 채워지고 있다. 이것이 마지막 때의 기도의 집 운동이다.

"타작마당에 이르러." 하나님의 때가 이르고 있다. 여러분 각자가 있는 곳에서 하늘이 열리고 벧엘이 있기를 바란다. 그곳에서 천사들이 오르락내리락하기 바란다. 이것이 전 지구적으로 일어나고 있는 기도의 집 운동이다.

이는 마이클 비클만의 것이 아니다. 하나님이 여러 지도자들에게 기도의 집에 대한 도전을 주셨다. 그가 기도의 집을 세울 즈음에 많은 지도자들이 각각 다양한 곳에서 기도의 집을 세우기 시작했다. 하나님이 주신 음성을 들었던 것이다.

기도와 예배를 통해 하늘의 문이 열리고 있다. 기도와 예배로 요한계시록 6장 이하를 진행하신다. 땅과 하늘의 동역이 시작되었다. 땅에서 묶으면 하늘에서도 묶인다.

시편 149편은 두 날 가진 검에 대해 이야기한다. 용사는 두 날 가진 검을 사용할 줄 안다. 이것은 '테힐라'와 '테필라'를 의미한다. 예언적인 경배와 예언적인 기도를 말한다. 시편 22편 3절의 "찬송 중에"의 "찬송"이 '테힐라'이고, 이사야 56장 7절의 "기도하는 내 집"의 "기도"는 '테필라'이다.

성경 전체에 기도와 찬양을 의미하는 단어가 각각 9~10개 정도 나오는데, 이 두 단어는 노래 형태의 예언적인 경배와 기도를 의미한다.

그들의 손에는 두 날 가진 칼이 있도다 시 149:6

때로는 강력한 예배적 중보를 하고, 때로는 강력한 예언적 중보를 올려드린다. 마지막 때에 '테힐라'와 '테필라'로 강력하게 두 날 가진 검을 사용하게 될 것이다. 기도와 예배는 분리할 수 없는 하나이다. 마지막 때에 예수님이 온 열방 가운데 교회들을 기도의 집으로 일으키시며 이 두 가지를 진행하고 계신다. 이것은 예수님의 날의 가깝다는 증거이다. 그분이 가까이 오시는 소리가 교회의 정체성을 회복하고 있다.

추수와 부흥

타작마당에 이른다는 것은 추수의 때가 온다는 뜻이다. 선교 운동과 기도 운동이 하나가 되어야 할 때이다. 세계 기독교 지도자들이 IHOP으로 오고 있다.

현존하는 어떤 선교 전략도 이슬람과 힌두교에 먹힌 것이 없다. 얼마 남지 않은 미전도 종족과 모슬렘과 힌두교인에게 복음을 전하려면 반드시 기도 운동과 선교 운동이 함께 가야 한다. 이것이 마지막 때 예수님의 전략이다.

기도와 선교는 하나이다. 성경은 전도와 선교가 기도를 통해서 완성된다고 말씀하신다. 마태복음 18장 15-20절, 요한계시록 5장 8절, 8장 1-5절, 이사야 62장 5-7절 등 너무 많은 구절들이 기도와 부흥을 연결하고 있다.

온 열방의 중보가 모슬렘을 향해 쌓여서 초자연적인 예수님과의 만남이 이루어지고 있다. 우리는 빛을 밝히는 것을 넘어 예수님의 태양이 떠오르게 해야 한다. 하늘을 열어 예수님의 빛이 오게 해야 한다. 이것이 기도의 집이다.

성경은 선교와 전도의 주체, 부흥의 주체가 하나님이심을 분명히 밝히고 있다. 우리의 열심과 노력은 순종하는 것에 지나지 않는다. 부흥의 주체는 예수님이시고, 부흥은 하나님의 주권이다. 그러므로 우리가 먼저 해야 할 일은 기도와 예배이다. 이것이 부흥을 가져오며 하나님나라를 움직이는 열쇠이다.

마태복음 9장 37,38절과 누가복음 10장 2절에서 "추수하는 주인에게 청하여 추수할 일꾼들을 보내주소서 하라"라고 하신다. 추수를 위해 주인인 하나님께 구하라고 하신다. 기도하라는 것이다. 기도의 집은 마지막 때에 추수를 하시는 주인이신 하나님을 움직이는 부흥의 열쇠이다.

전쟁터

타작마당은 추수꾼의 터이다. 이스라엘에는 방앗간이 따로 없었다. 그들은 추수할 때 곡식을 쌓아둘 마당을 찾고, 한 달 가까이 그 마당에서 밀과 곡식을 털었다. 그래서 때로는 추수 때에 곡식을 약탈하려는 도적떼가 들끓었다. 고대 근동의 전쟁은 대부분 추수 때 일어났다. 자신들의 생존과 군량미 마련을 위해서 약탈을 하곤 했다.

기도의 집은 타작마당과 같다. 추수 때 곡식을 지키기 위한 전쟁이 일어나는 것처럼 기도의 집은 전쟁을 불러온다. 추수를 위한 전쟁을 하는 곳이며 하나님의 군대들이 준비되는 곳이다. 영적인 전쟁의 기지이기도 하고 치열한 전장이기도 하다.

기도는 때로는 치열한 사투와 같다. 예수님은 겟세마네의 동산에서 피땀을 흘리시기까지 기도하셨다. 바울은 이런 기도를 '씨름'이라고 표현했다.

〈반지의 제왕〉 이야기를 좀 더 나누기 원한다. 영화 중에 봉화의 불이 번져가는 장면이 있다. 봉화의 상태에 따라 군대가 소집되고 전쟁이 선포된다. 그리고 군대들이 출정한다. 이 장면이 왜 포함되어있는가? 영화에서 '봉화'는 인간 세계에 남은 마지막 군대를 일으키고 연합시킨다. 마지막 때 기도의 집 운동처럼.

이 책의 저자 J. R. 톨킨은 19세기 사람이다. 그는 이스라엘의 회복에 대해 몰랐다. 그런데 전쟁 장면 속에 이스라엘의 회복까지 그리고 있다. 19-20세기 초 선교계의 기도제목은 모슬렘이 아니었다. 대부분의 기도제목은 소련을 위해서였다. 공산주의가 적그리스도라고 믿었기 때문이다.

영화에서는 적그리스도의 군대를 이슬람교와 힌두교로 표현하고 있다. 두 종교가 주목받지 못할 때 톨킨은 그들이 마지막 때에 그리스도의 군대와 대적할 가장 강력한 적임을 알아보았다.

지금의 영적전쟁의 양상이 그러하다. 봉화는 군대를 모으는 기능을 한다. 기도의 집을 상징한다. 이제 그 봉화에 불이 붙고 번지기 시작했다.

아군이 도움을 요청했음을 확인하고 군대를 집결시키라는 명령이 떨어진다. 로한의 군대는 영국과 유럽에서 일어날 군대를 의미하고 있다. 마지막 때 유럽에서 깨어날 군대를 상징한다고 한다. 영국에 부흥의 조짐이 있다. 어둠이 예루살렘을 둘러쌌다.

영화에서 군대가 달릴 때 맨 앞에서 흰 말이 달려간다. 그것은 예수 그리스도의 오심을 의미한다. 그분이 군대를 이끌고 마지막 전쟁을 치르신다. 봉화 아래서 군대들을 모으신다. 하나님이 우리를 군대로 부르고 계신다.

기도의 집에서 아가서의 군대, 신부의 영을 가진, '많은 물도 끌 수 없는 사랑을 가진 군대'가 일어나고 있다. 예수님이 우리를 군대로 깨우고 계신다.

우리는 죽어서 천국 가는 것을 기다리는 자들이 아니다. 하나님나라를 이 땅에 오게 할 자들이다. 우리와 성향이 다른 자들도 초청해야 할 것이다. 열방에 기도의 군대가 일어나고 있다. 언어와 얼굴 색이 달라도 기도와 예배로 한 영이 되는 군대들이 일어나고 있다.

함께 기도하기

→ 기도의 집에 기도의 영을 받은 예배자들이 일어나게 해 주십시오. 양날 검을 쓸 수 있는 그들이 일어나게 해주 십시오.

→ 우리를 깨워주십시오. 비파와 수금아 깰지어다. 모든 악 기들아 깰지어다. 모든 나팔소리가 깰지어다. 모든 군 대는 깰지어다.

→ 손을 들 때 경배와 항복과 선포가 이루어진다. 이스라 엘이 손을 들어 여호와께 항복했다. 모세가 손을 들 때 홍해가 갈라졌다. 여호와의 영광이 임할 때 두 손을 들 어 높인다. 여호와께 항복하기 원한다. 그리고 그 권능 으로 선포하기 원한다. 모든 어둠의 홍해가 갈라질지어 다. 하늘의 군대를 보내주십시오. 기도의 영을 파송해주 십시오.

다윗의 장막은 타작마당에 이르렀을 때 시작한다

이 땅의 주인은 예수님이시다. 우리는 각자의 국적을 떠나 '한 새로운 사람'으로 부르심을 받고 있다. 한 성령님 안에 한 영적 가족이 되고 있다.

복음이 있는 나라는 망하지 않는다. 오늘날 한국의 위기는 경제 위기가 아니라 교회들이 잠들어 있는 것이 문제다. 왜 중국이 주목을 받는가? 사람이 많아서가 아니다. 옛날부터 중국에는 사람이 많았다. 그 땅에 부흥이 일어나고 있기 때문이다.

위대한 기도는 나라를 통째로 바꿀 수 있다. 그래서 예수 믿는 한 사람 한 사람이 중요하다. 우리는 하늘에 속한 하늘 백성이다. 예수님의 것이다. 사람이 사람을 지배할 수 없다. 우리 위에 있는 이들은 하나님의 권위를 위탁받았을 뿐이다. 하나님이 통치하시게 하라.

예수님이 없는 나라는 아무리 강대국이라도 망하게 된다. 열방의 주인은 예수님이시다. 그분을 인정하는 지도자들이 일어나야 할 것이다. 자녀들 가운데 다니엘 같은 지도자들이 일어나도록 기도하라. 그것이 이 민족의 소망이다. 교회는 각 영역의 지도자들을 길러내야 한다.

믿음의 기도는 위대하다. 예수님이 마지막 때에 기도 운동을 통해 세상을 심판하기도, 붙들기도 하실 것이다. 요한계시록을 보면 심판은 기도 운동으로부터 일어난다. 먼저 천상의 기도 운동이 일어난다. 수많은 순교자들이 주께 "어느 때까지니이까?" 하며 기도하기 시작한다.

동시에 땅에서도 기도 운동이 일어난다. 땅에서도 하나님께 "어느 때까지니이까?" 하고 기도한다. 그때 예수님이 일어나서서 마지막 때의 계획을 진행하신다. 이때 핵심은 다윗의 열쇠이다. 기도와 예배의 운동이다.

예수님이 열방에서 그 일을 일으키고 계신다. 교회는 기도하는 공동체로 부르심 받고 있다. 예수님이 본질적인 교회로 데려가신다. 이제 교단과 교파와 신학을 초월해서 함께 모여 기도하는 일들이 일어날 것이다.

기돈의 타작마당에 이르러서는 소들이 뛰므로 웃사가 손을 펴서 궤를 붙들었더니 웃사가 손을 펴서 궤를 붙듦으로 말미암아 여호와께서 진노하사 치시매 그가 거기 하나님 앞에서 죽으니라 여호와께서 웃사의 몸을 찢으셨으므로 다윗이 노하여 그곳을 베레스 웃사라 부르니 그 이름이 오늘까지 이르니라 그날에 다윗이 하나님을 두려워하여 이르되 내가 어떻게 하나님의 궤를 내 곳으로 오게 하리요 하고 다윗이 궤를 옮겨 자기가 있는 다윗 성으로 메어들이지 못하고 그 대신 가드 사람 오벧에돔의 집으로 메어가니라 대상 13:9-13

이 본문은 다윗의 장막이 시작되는 장면을 그리고 있다. 역대 상 15장에서 '다윗의 장막'이라는 말이 드디어 등장한다. 본문의 사건은 다윗의 장막이 시작되기 위한 출발점이다. 그것이 일어나는 결정적인 사건이다. 이 사건이 없었으면 다윗의 장막은 망했을 것이다.

하나님이 이 사건을 기돈의 타작마당에서 의도적으로 일으키신다. 다윗의 장막이 일어나는 때는 타작마당에 이르는 때다. 예컨대 예수님이 정오에 다시 오신다고 가정해보자. 시곗바늘 세 개가 숫자 12에 정확히 모여야 정오가 된다. 12에 가장 먼저 도달하는 시침은 무엇을 의미하는가? 어떤 일이 일어날 때 시침이 12시를 가리키겠는가? 그것은 이스라엘의 회복이다.

2012년에 세계의 선교지도자 300여 명이 IHOP에 모였다. 로렌 커닝햄, 루이스 부쉬, 스티브 더글라스 같은 유력한 지도자들이 모여서 세 가지 결의를 채택했다.

첫째, 마지막 때는 기도와 선교가 반드시 동반되어야 한다. 둘째, 모두 힘을 합쳐 이스라엘의 회복을 도와야 한다. 셋째, 전 세계에 십만 개의 기도의 집을 세운다.

이스라엘이 회복되는 때

이스라엘이 회복되고 있다. 세 개의 시곗바늘 중 가장 느려서 움직이는 건가 싶을 때도 있지만 반드시 움직이고 있는 시침처럼. 하나님의 가지의 원 뿌리가 회복되고 있다. 이스라엘이 한때 없어졌기에 대체신학(Replacement Theology)이 등장했고, 구약성경의 약속들을 교회에 적용했었다.

그런데 1948년에 이스라엘이 홀연히 생겨버렸다. 인류역사 속에서 기적이라고 말하는 사건이다. 2천 년 동안 사라졌던 나라가 갑자기 태어났다.

1918년에 미국의 대통령 우드로 윌슨이 민족자결주의를 선포했다. 그러면서 소수민족이 독립하는 일이 일어났다. 그런데 가장 문제가 되었던 것이 이스라엘이었다. 팔레스타인 땅에서 흩어져 사라진 지 2천 년이 넘어가는, 성경에나 기록되어있는 나라였다.

그래서 이스라엘은 독립시킬 수 없다고 생각했는데 결과적으로 그렇게 되었다. 누가 하셨는가? 하나님께서 하신 일이다. 이 일이 성경에 예언되어 있다. 이사야 66장 8절에 "나라가 어찌 하루에 생기겠으며 민족이 어찌 한순간에 태어나겠느냐 그러나 시온은 진통하는 즉시 그 아들을 순산하였도다"라고 선포되어있다. 그리고 1948년 5월 14일, 이스라엘은 건국을 선포했다. 하루아침에 한 나라가 생겨버렸다.

예수님의 때가 가까워지고 있다는 사인이다. 이스라엘에 부흥이 일어나고, 세계의 신학계에 변화가 일어나고 있다. 2013년 10월에 미국에서 세계 최고의 신학자들과 권위자들이 모였다. 그 가운데 대표적 구약학 학자인 월터 카이저 박사도 있었다. 그는 "이스라엘의 회복은 있다. 우리가 대체주의 신학을 잘못 가르쳤다"라고 선언했다.

신학교에도 변화가 일어나고 있다. 인간적으로 해석했던 것을 다시 본질적으로 해석하는 운동이 전 세계적으로 일어나고 있다. 한국에서도 1990년대부터 이런 변화가 여러 형태로 일어나고 있다. 키비(KIBI), 이스라엘 사역네트워크(IMN), 한사랑선교회, 쉐마교육학회, 학가다교육포럼, 쉐마-예쉬바학교, 이스라엘 신학포럼 등이 일어났다. 이스라엘의 부흥은 예수님 재림의 시침과 같은 사건이다. 시침이 12시로 가고 있다.

복음의 전파가 완성되는 때

두 번째로 분침이 있다. 시침이 도착한 다음에 분침이 도착한다. 분침에 해당하는 하나님의 사건이 무엇일까? 이방인 교회이다. 열방의 부흥을 의미한다. 이방인의 충만한 숫자가 차야 한다. 남아있는 미전도 종족에 성경이 전달되어야 한다. 위클리프 성경번역 선교회(Wycliffe Bible Translators)는 앞으로 10년 안에 모든 부족어로 성경을 번역하는 작업이 거의 끝날 것이라고 한다.

CCC 2대 총재인 스티브 더글라스 총재는 앞으로 10년 안에 예수님이 재림하시도록 하겠다고 선포했다. 이것은 남은 미전도 종족 모두에게 복음을 선포하겠다는 의미이다.

열방의 복음화가 완성되고 있다. 열방의 모든 육체에게 성령의 부어짐이 있을 것이다. 대추수가 있을 것이다. 이것은 시침과 함께 멈춘 듯하나 전진하고 있는 분침을 비유로 한다.

열방에 기도의 집이 세워지는 때

마지막으로 초침이 있다. 시침이 도착하고 분침이 도착해도 초침이 도착해야 정오가 된다. 초침은 쉬지 않고 가장 부지런히 움직이는 바늘이다. 이것이 멈추면 분침도 시침도 멈추게 될 것이다. 이것이 기도의 집 운동이다.

타작마당에 이르렀을 때 일으키기로 예표된 기도의 집 운동이다. 초침같이 쉬지 않고 가장 부지런히 움직이는 것이 기도의 집 운동이다. 마치 심장과도 같다. 한순간도 멈출 수 없기에 때로는 고되다. 가장 부지런히, 쉬지 않고 움직인다.

예수님이 열방에서 초침을 돌리고 계신다. 교회를 기도의 집으로 깨우고 계신다. 시계를 직접 돌리고 계신다. 기도의 집은 마지막 때의 사인이다. 이것이 타작마당에서 이루어지는 일이다.

소가 뛰다, 하나님의 타이밍

소가 뛴다는 것은 '하나님의 타이밍'이라고 볼 수 있다. 변화의 때를 의미한다. 성경 전체에서 소는 제물로 등장한다. 제단의 가장 큰 제물이다. 또한 소는 순종과 복종과 충성됨을 의미한다. 동시에 맘몬과 바알과 아세라를 상징하기도 한다. 또 풍요와 물질을 상징한다.

소가 뛴 사건은 하나님의 영적 전환기를 의미한다. 성경에 수차례 반복해서 등장하는 '큰 날'과 '두려운 날'을 의미한다. 이는 하나님께서 마지막 때에 세상을 경영하시는 비밀스러운 방식이다. 그분이 역사 속에 개입하시는 영적 전환기를 의미한다. 이것은 마지막 때의 부흥을 의미하기도 한다.

부흥은 그것을 사모하는 곳에 임한다. 그분의 얼굴을 구하라. 예수님이 그 자리에 방문하신다. 부흥을 믿고, 기대하는가? 하나님이 다윗 왕 때에 이르러 이스라엘의 역사에 참여하신다. 소가 뛴 것은 영적 변환기, 뉴 시즌(New Season)을 의미한다. 이것을 구하라.

"과거의 교회가 아닌 새로운 교회를 일으켜주십시오. 지도자들을 새롭게 일으켜주십시오."

역동적 변환기가 오도록 기도하라.

이스라엘의 영적 대전환기

잇사갈 자손 중에서 시세를 알고 이스라엘이 마땅히 행할 것을 아는 우두머리가 이백 명이니 그들은 그 모든 형제를 통솔하는 자이며 대상 12:32

"시세를 아는 지도자들"이 있었다고 기록되었다. 역대상 11-13장은 이스라엘의 대전환기다. 사울 왕조가 끝나고, 다윗 왕조가 일어나는 때이다. 영적으로도 대변환기이다. 이스라엘 역사 중 하나님이 20년 동안 침묵하신 기간이 있다. 하나님의 법궤가 침묵했다. 법궤가 어느 날부터 궤짝이 되었다. 아무도 그것을 찾지 않았다.

사울이 치리하는 20년 동안 법궤가 멈추었다. 사울은 법궤를 한 번도 찾지 않았다. 그런데 타작마당에 이르러 법궤에 다시 하나님의 영광이 임했다.

우리의 헌신과 희생이 하나님의 영광을 깨우게 되기를 바란다. 존 낙스(John Knox, 스코틀랜드 장로교 창시자)가 했던 기도가 깨어나기를 바란다. "부흥을 주지 않으실 거면 제 목숨을 가져가주십시오"라고 기도하는 이들이 일어나기를 바란다.

기도하는 아버지와 어머니와 청소년들이 일어나길 바란다. 부모의 울부짖는 기도로 다음세대가 뚫고 나올 문이 열릴 것이다.

우리는 어미세대의 기도와 아비세대의 축복이 필요하다.

역대상 12장에는 장군들과 지도자들의 이름들이 기록되어있다. 그들이 어떤 자들인가? 32절에는 "시세를 아는 지도자들"이라고 했다. 그 시대의 영적인 움직임을 아는 지도자들이었다. 그들은 위대했다. 시세를 분별했을 뿐 아니라 그에 따라 백성의 행할 길을 지도했다.

다윗이 일어나고 있다지만 그는 정치적 기반이 약했다. 아직도 많은 무리들이 사울의 편에 있었다. 민심이 수군거리며 이대로 다윗에게 가도 되는지 갈등하고 있었다.

동양에서는 왕조가 바뀔 때면 피바람이 불었다. 줄을 잘못 서면 목숨을 잃었다. 그래서 성경에 지도자들의 이름이 쓰여 있는 것이다. 자신의 군대를 이끌고 다윗에게 간 사람들의 명단이다. 이스라엘이 마땅히 행할 바를 알았던 지도자들이었다.

이 사람들은 어디에 줄을 서야 하는지 머리를 굴리지 않았다. 그들은 하나님이 무엇을 하시는지를 보자 이스라엘이 행할 길을 알고 용기 있게 다윗의 편에 섰다. 소가 급격하게 뛰는 것은 뉴 시즌을 의미한다. 시대적 변화가 일어나고, 하나님의 역동적 타이밍이 임한다.

역동적인 예배의 혁명

우리는 마지막 때를 하나님이 역사 속에 개입하시는 시간이라고 표현한다. 소가 뛴다는 것은 마지막 때 일어날 역동적인 예배 혁명을 의미한다. 하나님께서 강력한 예배를 일으키실 것이며, 사탄도 그럴 것이다.

마지막 때의 싸움은 예배자들에게 달려있다. 얼마나 강력한 예배자들을 보유하고 있느냐, 얼마나 강력한 예배자들이 일어날 것이냐의 싸움이다.

양날 검을 쓸 수 있는 예배자들, 기도와 예배를 동시에 할 수 있는 예배자들, 테힐라와 테필라를 사용할 줄 아는 지도자들이 일어나야 한다. 그것이 부흥을 준비하는 것이다. 역동적 예배의 변환기에 하나님의 예배 혁명이 일어난다. 이제 우리의 예배에 혁명이 일어나야 한다.

소는 예배를 상징하는 가장 크고 값진 제물이다. 강력한 예배, 진동이 있는 예배가 드려져야 한다. 예배는 정해진 순서를 지키는 것이 아니라 하나님을 만나고, 하나님나라를 경험하는 것이다. 그분의 영이 임하여 우리의 영과 대면하는 것이다. 예배는 하나님나라가 작동되는 시간이며, 그분의 통치와 다스림이 이루어지는 현재의 시간이다.

하나님나라가 임할지어다! 예배의 혁명이 일어나야 한다. 지금 열방은 전환기를 맞이하고 있다. 하나님이 재배치하시고 재정렬하신다. 다시 조정하고 계신다. 그 안으로 우리의 인생이 들어가기 원한다. 하나님이 역사 속에 개입하시는 순간이 왔다.

기도의 집 운동은 단순한 예배 운동이 아니다. 법궤의 영광이 회복된 것처럼 교회의 영광이 회복될 것이다. 웃사가 왜 법궤를 잡았겠는가? 20년 전, 그 아버지 아비나답의 집에 법궤가 들어갈 때만 해도 그것은 두려움의 상징이었다. 법궤를 만지려다가 70여 명이 죽는 사건이 일어났다(삼상 6:19). 이 법궤가 영광 가운데 아비나답의 집에 들어갔다.

그런데 20년이 지나는 동안 법궤의 영광이 사라졌다. 그냥 궤짝이 되어버렸다. 소가 뛰어 법궤가 흔들리자 웃사는 아무 생각 없이 덥석 잡았다. 조금 전에 법궤를 달구지에 실을 때는 아무 일도 없었다. 아무도 죽지 않았다. 20년 전 같으면 법궤가 쓰러지더라도 아무도 접근하지 않았을 것이다. 웃사는 그때가 잠들어 있던 법궤가 깨어나는 순간인 것을 몰랐다.

하나님이 지금 이때에 그 영광을 깨우고 계신다. 열방에서 놀라운 일들이 진행되고 있다. 하나님이 더 큰 일을 행하실 것이다. 우리의 예배 가운데 영광이 임하고 있다. 그분의 얼굴과 마음을 구하라. 법궤의 영광이 회복되고, 교회들에 불이 붙을 것이다. 하나님이 불씨들을 일으키고 계신다. 그것이 큰 불이 될 것이다.

시세를 분별하라. 하나님의 백성들이 마땅히 행할 바를 분별하라. 머리를 쓰고 계산을 하거나 사람의 눈치를 보는 것이 아니라 마땅히 행할 바를 찾으라. 여호와가 행하시는 일을 보라. 시세를 아는 백성이 되길 축복한다. 그분이 새 일을 행하고 계신다. 우리는 새로운 시즌으로 들어가고 있다.

함께 기도하기

→ 영적 역동기에 우리의 영을 깨워주소서. 이 영적 변환기에 웃사가 되지 않게 하소서. 하나님이 새 일을 행하실 때 무지하지 않게 하소서. 역사의 뒤안길로 사라지지 않게 하소서.

→ 주께 인생을 의탁하고 있는 종들이여, 기도하라. 한 번 왔다 가는 인생 가운데, 기왕 드려진 인생 가운데 주님의 시즌에 있게 하소서. 하나님의 변환기에 깨어나게 하소서. 제 영을 깨워주십시오. 제 인생을 사용해주십시오. 저를 주목해주십시오. 이 시대에 성령의 소리를 들을 귀를 열어주십시오.

→ 헌신자들에게 기름부어주소서. 이들이 횃불임을 선포합니다. 이들이 봉화에 불을 붙일 것임을 선포합니다. 이들에게 다윗의 영을 부어주십시오. 지혜와 계시의 영, 기도의 영을 부어주십시오. 기도하는 어머니와 아버지, 다음세대가 되게 해주십시오.

하나님의 법궤가 깨어나다

사울의 때에 잠들었던 하나님의 법궤가 깨어났다. 하나님의 영광의 때가 돌아온 것이다. 지금 전 세계는 영적 전환기를 맞고 있다. 거대한 변화가 일어나고 있다. 이것은 우연이 아니라 예수님의 오심이 준비되고 있는 것이다.

시세를 분별하는 영(대상 12:32), 통찰력, 분별력이 임하기를 축원한다. 이것을 지혜와 계시의 영, 영적 이성이라고 말한다. 영적 지각능력, 세상을 보는 통찰력이 열려야 한다. 하나님께서 열방을 경영하시고 운행하시는 것이 보여야 한다. 그분의 눈으로 세상을 보게 되는 통달과 총명이 부어져야 한다. 그래서 바울이 에베소서 1장 17절에서 지혜와 계시의 영을 달라고 기도하라는 것이다.

우리 주 예수 그리스도의 하나님, 영광의 아버지께서 지혜와 계시의 영을 너희에게 주사 하나님을 알게 하시고 엡 1:17

창조적인 것의 특징은 지혜와 계시적이다. 전통적이지 않고 진리 안에서 살아있다. 이 시대에 성령이 하시는 일을 볼 수 있는 눈이 있어야 한다. 새 술은 새 부대에 담는다. 새 술이 되라. 옛 부대에 있지 마라.

예수님은 옛 부대를 정죄하거나 저주하지 않으신다. 옛 부대를 찢어버리거나 터트리시지 않지만 새 부대와 새 술을 일으키신다. 그리고 그들과 함께 가신다. 왜 성령의 음성을 듣는 교회들이 기도의 집에 반응하고 있는지를 봐야 한다.

구하고 또 구하라. 이것은 머리가 좋은 것과 다르다. IQ수치가 높은 것과 상관없다. IQ가 높아도 시대를 볼 수 없는 사람들이 많다. 통찰력을 가진 자가 지도력을 갖게 된다. 그들은 하나님이 여시는 길을 본다. 홍해가 있더라도 그곳에 길이 있음을 본다. 광야에도 만나와 생수가 있다.

역대상 13장의 사건은 계시적인 사건이다. 이 사건으로 말미암아 다윗의 장막이 다윗의 장막 될 수 있었다. 이 사건이 없었다면 다윗의 장막은 위대하지 못했을 것이다. 소의 뜀은 예언적인 사건이다. 결코 우연히 발생한 사건이 아니다.

예배의 회복

법궤 신드롬

그날에 다윗이 하나님을 두려워하여 이르되 내가 어떻게 하나님의 궤를 내 곳으로 오게 하리요 하고 다윗이 궤를 옮겨 자기가 있는 다윗 성으로 메어들이지 못하고 그 대신 가드 사람 오벧에돔의 집

으로 메어가니라 대상 13:12,13

다윗에게 고민이 생겼다. 법궤가 너무 좋아서 당시에 가장 좋은 왕궁으로 모셔가는데 끔찍한 일이 벌어졌다. 사람이 찢어져서 죽은 것이다. 마치 법궤를 모셔가는 것을 저주하는 것과 같은 사건이었다.

이 사건은 다윗에게 매우 중요했다. 한 사람의 광신적 예배가 진리에 기초한 열정의 예배로 바뀌는 순간이었다. 우리가 잊지 말아야 할 것이 있다. 창세기부터 요한계시록까지 성경은 예배에 대해 가르치고 있다. 다윗은 바지가 벗겨질 정도로 춤을 추었고, 열정을 가지고 예배했다. 하지만 그것도 광신이 될 수 있다.

역대상 13장의 사건은 다윗의 예배가 이방인적 광신적 예배가 될 것이냐, 아니면 진리 안에서 열정적 축제가 될 것이냐에 대한 경계선이 된다. 속옷이 흘러내리도록 예배하는 것이 중요한 것이 아니다.

달구지에 법궤를 운반하는 것은 이방인의 방법이었다. 나름 최선을 다하여 새 달구지에 법궤를 실었지만 하나님의 방법이 아니었다. 다윗은 그저 아무 생각 없이 법궤를 빨리 가져오고 싶었을 뿐이다. 그것을 '법궤 신드롬'이라고 할 수 있다. 이 땅의 많은 기도의 집들이 여기에 빠진다. 그저 기도의 집만 세우면 된다고 생각한다.

법궤가 오는 것도, 하나님의 임재를 갈망하는 것도 중요하지만 철저히 내 스타일이 아닌 하나님의 스타일이 되어야 한다. 내가 좋은 대로가 아니라 진리에 입각한 것이어야 한다. 광신과 열정은 한끝 차이임을 명심해야 한다.

우린 창세기에서 가인과 아벨의 예배를 보았다. 아벨은 양을 바치고 가인은 소작물을 드렸다. 그런데 하나님이 아벨의 제사는 받으시고 가인의 제사는 거절하셨다. 어떤 예배가 더 쉬울 것 같은가? 왜 하나님이 아벨의 제사는 받으시고 농작물을 드린 가인의 제사는 거절하셨을까? 아벨은 왜 양을 잡았을까? 예수님이 피를 좋아하시는 걸까?

나는 부모님이 농사를 짓는 것을 보고 자랐다. 농사는 굉장히 어렵다. 사계절을 쉬지 않고 일해야 한 줌의 쌀을 얻는다. 참으로 어렵다. 모든 인류의 역사는 농경사회에서 발전했다. 그러나 유목민의 삶은 아주 단순하다. 유목민이 일으킨 민족은 그 날이 길지 못했다. 그들이 일으킨 가장 큰 제국이 칭기즈칸의 제국이었다.

칭기즈칸의 어머니는 경교(네스토리우스교가 동양에 전래된 이후 붙여진 명칭) 출신이었고, 그는 성경에서 취한 원리들로 제국을 일으켰다. 그리고 서양문명과 선진 농경문명을 빠르게 수용했다. 그것이 그의 제국이 오랫동안 넓게 갈 수 있게 했다.

유목민족의 삶은 아주 단순하다. 양을 풀어놓고 풀을 먹인다.

양이 그 지역의 풀을 다 뜯어먹으면 또다시 풀이 있는 곳으로 양을 몰고 간다. 텐트를 폈다 접었다 한다. 그래서 유목민들은 큰 제국을 일으킬 수가 없었다.

그러나 농경사회는 다르다. 농경사회에서 문명이 발생했고 지리학, 천문학, 풍수지리, 수학 등이 나왔다. 농경이 더 어렵다. 가인은 사계절을 쉬지 않고 일해서 농산물을 바쳤다. 그런데 하나님이 그 제물을 향해 "악하다"라고 평가하신다.

창세기 3장에서 아담이 범죄하고 쫓겨날 때 하나님이 그들에게 가죽옷을 입히셨다. 그때부터 하나님의 언약이 시작되었다. 그 기록을 통해 하나님께서 양을 잡아 제사를 드리는 의식을 가르쳐주셨을 것이라고 짐작한다.

"양을 잡아 제사하라. 어느 날, 영원한 제사를 드릴 어린양이 오실 것이다. 우리의 모든 죄값을 영원히 지불할 어린양이 오실 것이다. 그 어린양의 희생으로 우리의 모든 수치와 죄와 저주가 사라질 것이다."

이를 예표하는 사건이 가죽옷이고, 아벨의 제사이다. 그 어린양이 예수님이시다. 그 일을 위해 성경이 요구한 예배가 있었다. 우리의 예배는 하나님이 원하시는 예배여야 한다. 다윗은 그것을 깨달았다. 열정을 갖고 춤을 추며 법궤를 옮기면 되는 줄 알았던 그는, 이 사건을 통해 큰 충격을 받는다.

말씀이 말씀하시는 예배로의 회복

다윗의 장막 운동은 하나님의 계시가 회복되는 운동이다. 하나님의 말씀이 회복되는 운동이다. 한국에서 기도의 집 운동을 하는 리더들 중에서 이렇게 말하는 이들이 있다.

"나는 미국 스타일, 마이클 비클 스타일이 싫어! 우리는 한국 스타일로 하자."

그런데 한국 스타일이 무엇인가? 잘 모르겠다. 우리는 그 누구의 스타일도 아닌 성경 스타일로 계시된 대로 해야 한다. 다윗은 그것을 이해했다. 자기 방식에서 성경이 요구하는 방식으로 바꾸었다. 다윗은 자기가 원하는 장막을 짓지 않고 하나님의 것을 회복했다.

왜 하프 앤 볼인가? 왜 테힐라와 테필라인가? 성경이 원하는 예배이기 때문이다. 왜 예배가 변하고 있는가? 이것이 새로운 일인가? 새로운 일이 아니다. 1세기 성경의 모습이다. "시와 찬송과 신령한 노래들로 서로 화답하며 너희의 마음으로 주께 노래하며 찬송하며"(엡 5:19)라고 하신 모델의 회복이다.

우리는 3세기부터 원형적 기독교를 잃어버렸다. 그때 거대한 영적 변화가 있었다. 핍박을 받고, 예수님을 믿는 것 때문에 잡혀 죽던 기독교가 로마 대제국의 국교가 되었다. 그러자 반대로 예수님을 믿지 않는 이교도로 분류된 유대인들을 잡아서 불에 태워 죽이고 개종시키기 위해 고문을 하고 감옥에 가두는 일들이 일어났다. 이것이 313년 이후의 일이다.

교회 역사는 313년부터 약 1천 년간을 '기독교의 밤'이라고 한다. 핍박은 사라졌고, 대제국의 종교가 되었다. 로마가 하나님 나라처럼 보였지만 실제적 본질이 죽어버렸다. 하나님의 성령의 역사가 죽어버렸다. 제도화되고, 로마의 화려한 이방종교와 기독교가 섞여버렸다.

로마 가톨릭 신부들의 복장이 어디서 왔는지 아는가? 태양신을 숭배했던 제사장들의 옷이었다. 이교도와 기독교가 섞여버렸다. 핍박은 없어졌지만 기독교가 죽기 시작했다.

오늘, 우리는 원형을 회복하고 있다. 다윗의 장막은 가장 원초적인 1세기의 교회 모습을 회복하는 것이다. 본질이 회복되고 있다. 우리가 편안한 예배가 아니라 하나님이 원하시는 예배로 바뀌고 있다.

한국의 기독교 속에도 유교적, 불교적, 샤머니즘적인 문화가 섞여있다. 유교 문화는 체면을 중요시하기 때문에 뛰면서 예배하면 불경건하고 거룩하지 못하고 '상놈' 같다고 한다. 성경에서 '거룩'이라는 단어는 그런 뜻으로 쓰이지 않았다.

거룩이라는 말은 '구별한다'는 뜻이다. '왕의 소유'라는 뜻이다. 조용한 분위기나 문화를 말하는 것이 아니라 하나님의 편에 속하는 것을 의미한다. 우리가 생각하는 종전의 거룩은 유교와 불교의 영향을 받은 것이다.

바울이 어떻게 예배했는가? 시와 찬미와 신령한 노래로 박수치며 예배했다. 사도행전 16장을 살펴보자. 그가 빌립보에 있을 때 매 맞고 감옥에 갇혔다. 그런데도 성령 충만하여 기쁨이 임해서 찬양을 불렀다.

간수가 창살을 사이에 두고 지켜보았다. 안과 밖이 바뀐 듯했다. 깊은 밤, 자다 깨어보니 옥문이 열려있었다. 죄인들이 다 도망간 줄 알고 그는 자결하려고 했다.

여기서 엿볼 수 있는 몇 가지 사실이 있다. 간수는 행복한 삶을 살고 있지 않았던 것 같다. 죄인들이 있는지 없는지 확인도 하지 않고 자살하려고 한 것에서 유추할 수 있다. 책임 추궁과 죄값 대신 죽음을 쉽게 선택했다.

그런 간수가 바울 일행을 발견하자, 그들이 부르고 예배하고 기도했던 구원의 예수님을 찾기에 이르렀다. "주님들이여, 제가 무엇을 꼭 행해야 구원을 얻으리이까?"(30절, 원문 직역)라는 질문에 대한 확실한 해답으로서, "주 예수를 믿으라 그리하면 너와 네 집이 구원을 받으리라"(31절)는 구원의 역사를 경험했다.

그것은 바울과 실라가 "기도하고 하나님을 찬송한" 결과였다 (25절). 신약의 예배의 능력이었다. 우리가 성경의 예배, 예수님이 가르쳐주신 예배를 회복할 때, 놀라운 구원의 역사를 볼 것이다.

레위인들의 회복

하나님께서 모든 열방을 회복하고 계신다. 한국도, 열방도 바뀌고 있다. 하나님이 요구하시는 예배가 있다. 예배는 어떤 형식이나 시간을 지키는 것이 아니다. 어떤 프로그램을 마치는 것도 아니다. 예배에 하나님이 오셔야 한다.

다윗은 이 사건 이후에 레위인들을 불러 모았다. 기도의 집 회복 운동은 예배의 회복 운동이다. 다른 말로 하면 예배자들을 회복시키며 일으키는 것이다. 기도의 집 회복 운동은 예배자들의 회복 운동이다.

기도의 집에는 '레위인들'이라고 불리는 그룹이 있다. 24/7사역에 부르심을 받아 인생의 한때 혹은 전부를 예배자와 중보자로 살기로 작정한 헌신자들이다. 이들이 있기에 24/7 기도의 집이 가능하다. 우리는 그들을 공식적으로는 '기도의 집 중보 선교사'라고 부른다.

이들을 어떻게 세우고 일으키는가가 이 사역의 핵심이 된다. 다윗의 때에 먹고 살기 위해 직무를 버리고 흩어졌던 뮤지션과 노래하는 자들과 말씀을 맡은 자들을 다시 불러 모았다. 그들을 후원하여 직무에 집중하도록 했다. 역대상 15장에 이르러 다윗은 크게 깨닫는다.

다윗이 다윗 성에서 자기를 위하여 궁전을 세우고 또 하나님의 궤를 둘 곳을 마련하고 그것을 위하여 장막을 치고 다윗이 이르되 레위 사람 외에는 하나님의 궤를 멜 수 없나니 이는 여호와께서 그들을 택하사 여호와의 궤를 메고 영원히 그를 섬기게 하셨음이라 하고 대상 15:1,2

다윗은 레위 사람 외에는 하나님의 궤를 멜 수 없음을 깨달았다. 모세 때에 법궤를 어떻게 운반했는지에 대한 계시가 임했다. 한 사람의 광신적 예배가 진리 안에서 열정적 예배로 바뀌었다. 하나님이 요구하시는 열정으로.

기도의 집 운동으로 계시가 회복되고 여호와의 말씀이 회복된다. 기도의 집은 말씀의 집이고 말씀을 기초로 세워진다. 기도의 집은 하나님이 원하시는 식양(式樣)을 회복하기 원한다. 레위인의 회복은 또한 율법의 회복, 토라의 회복을 의미한다.

왜 기도의 집에서 산상수훈을 말하는가? 그것은 기도의 집의 라이프스타일이다. 기도의 집에 헌신한 그리스도인들의 삶의 기초이다. 산상수훈은 살아내기 위해 주신 말씀이다. 신명기 전체의 모든 교훈이 녹아있다. 신명기의 부분적 예언은 산상수훈에서 완전케 된다.

요한복음 4장 22-24절에서 예수님은 예배자를 찾으신다고 말씀하신다. 법궤를 운반할 레위인들을 오늘날 기도의 집에서는

'예배자'라고 표현한다. 그들에게 산상수훈의 삶이 회복되어야 한다. 산상수훈은 그리스도인의 삶의 표현이기 때문이다.

이 사건이 다윗을 일깨웠다. 법궤만 사랑한다고, 속옷이 흘러 내리도록 춤만 춘다고 다가 아니다. 우리가 원하는 방식이 아니라 하나님의 식양을 회복해야 한다.

다윗은 웃사의 죽음을 통해 큰 깨달음을 얻었다.

'내 열정이 아니라 말씀을 기준으로 해야 하는구나. 이방의 방식이 아니라 하나님이 요구하시는 방식대로 살아야 하는구나.'

기도의 집은 무엇보다도 말씀의 본질이 회복되는 운동이다. 다윗의 깨달음은 그의 열정이 진리로 보호받게 된 중요한 계기였다. 예수님의 계시가 풀어져야 한다. 모세의 것이 회복될 뿐만 아니라 예수님이 말씀하신 것이 우리에게 회복되어야 한다.

이 사건 이후 다윗은 모세가 지시한 법궤 운반법을 기억하게 되었고, 내 방식이 아닌 하나님의 방식을 깨닫게 되었다. 내 열정 이전에 그분의 요구를 알게 된 것이다.

웃사의 죽음이 주는 교훈

웃사가 죽었다. 그도 피해자이다. 어쩌면 부모의 죄일 것이다. 신앙의 계승이 안 되었다. 그의 아버지 아비나답은 법궤가 무엇인지, 그것이 들어올 때 무슨 일이 있었는지 알았다. 또 어떻게 운반해야 하는지도 당연히 알았다. 그런데 신앙의 전수가 안 되어 법궤는 영광의 부흥이 잠든 궤짝이 되어버렸다.

블레셋 사람들이 법궤를 벧세메스로 보냈다. 동네 사람들이 그것을 보려다 70명이 한꺼번에 죽었다. 그래서 사람들이 도망 갔다. 그때 아비나답이라는 제사장이 법궤를 자신의 집에 들여 놓고 큰아들로 그것을 섬기게 했다(삼상 7:1). 그 후로 20여 년이 흘렀다. 처음에 법궤가 들어왔을 때는 모두들 두려웠을 것이다. 그래서 그것이 애물단지 같은 취급을 받았을 것이다.

하나님의 법궤가 침묵했던 이스라엘의 역사가 있었다. 그것이 더 이상 두려운 존재가 아니라 궤짝이 되었다. 그래서 다윗이 법 궤를 가져오라고 했을 때, 별 생각 없이 달구지에 실었다. 그때 까지만 해도 아무도 죽지 않았다. 그런데 법궤가 흔들려서 쓰러 질까봐 잡았을 때는 사람이 죽었다. 하나님의 법궤가 깨어나기 시작했다.

웃사의 영 : 인본주의, 세속주의, 종교의 영

웃사가 의미하는 것은 종교의 영, 인본주의의 영, 세속주의의 영이다. 교회에 하나님이 살아계시는가? 하나님이 교회에서 움직 이고 계시는가? 하나님이 살아계신 분이 맞는가?

우리 안에 있는 모든 종교가 깨뜨려지길 축복한다. 하나님이 없는 것 같은 교회들이 너무 많다. 궤짝 같은 법궤, 영광이 사라진 교회들, 하나님이 역사하지 않는 교회들, 절이나 신사와 별 차이가 없는 교회들도 많다.

나는 가끔 불교 TV를 본다. 승려들이 뭐라고 하는지 들어본다. 하버드 출신의 프랑스인 승려가 있다. 그가 "고행이 없는 불교는 기독교와 같고, 참선을 잃은 불교는 기독교와 같다"라고 말하는 것을 들었다. 그것이 유럽에 비추어진 기독교의 모습이다.

종교화되고 생명력과 진정성이 없는, 하나님이 살아계시지 않은 기독교. 그래서 승려들이 본질을 잃어버린 절을 기독교와 같다고 하는 것이다. 슬프지만 공감이 되었다.

생명이 사라지고 진리를 잃어버린 종교는 악하다. 자신들이 그렇게 기다리던 예수님이 오셨는데도 죽여 버린다. 자기의 이해관계나 위치에 문제가 생기면 아무리 진리 같아 보여도 죽여 버린다. 이것이 종교이다. 모든 종교의 영이, 세속주의와 인본주의가 끊어지길 축원한다.

기독교는 종교가 아니다. 진리이며 생명이다. 생명의 역사가 회복되길 바란다. 기독교는 도 닦는 것이 아니다. 기독교의 도는 생명이고, 하나님이 살아서 역사하시는 것이다. 우리 안에 있는 모든 종교의 영성이 끊어지길 축원한다.

다윗의 영성을 깨운다는 것은 살아있는 영성을 갖는 것을 의미한다. 예수님의 살아계심을 기대하는 것이다. 그분을 갈망하는 것이다. 법궤가 깨어나기를 사모하는 것이다.

이 시대의 교회가 졸고 있다. 하나님을 말하지만 그분이 없는 것처럼 믿고 있다. 사울의 시대, 웃사의 시대가 그랬다. 그런데 다윗의 때가 이르자 하나님이 법궤를 깨우셨다. 하나님의 위엄과 영광이 돌아왔다. 웃사의 죽음은 인본주의, 종교의 영, 세속주의, 세속의 가치관을 교회에서 끊어내기 시작하셨음을 의미한다.

이 싸움에서 여러분의 영이 이기고 돌파하길, 웃사의 영이 끊어 지길 축원한다. 주의 영이 계신 곳에 자유가 있다. "진리를 알지 니 진리가 너희를 자유롭게 하리라"(요 8:32).

다음세대로 법궤의 영광을 운반하게 하라

출애굽 당시 이스라엘 열두 지파가 정탐을 했다. 열 지파는 악 평을 했지만 두 지파는 긍정적인 보고를 했다. 그런데 사실은 열 지파의 말이 맞았다. 열 지파는 "그들은 장대하고, 그들의 성은 견고하고, 그들의 무기는 튼튼하고, 우리는 메뚜기 같다"라고 보고했다. 당시는 청동기와 철기의 중간 시대였고, 가나안 민족 들은 철기를 사용했기 때문이다.

가나안 땅에 있던 족속들은 힛타이트 종족이었다. 지중해를 건너온, 전쟁을 즐기는 블레셋 종족이었다. 그들은 사람을 죽이 는 것을 즐겼다. 가나안의 일곱 종족이 그랬다. 그것에 비하면 유대인들은 광야를 40년 동안 헤매고 다닌, 전쟁 준비가 안 된 유랑 민족이었다. 그러니 열 명의 정탐꾼의 보고가 틀린 것만은 아니다.

그렇지만 이것은 인본주의며 합리주의이다. 이것이 종교이다. 그러나 믿음의 사람, 신본주의를 가진 사람, 하나님 입장에서 바라보는 두 사람(여호수아와 갈렙)이 선포했다.

"그들은 우리의 밥이다."

이 싸움은 믿음의 싸움이며 영적인 싸움이다. 인본주의와 합리주의와 세속주의로는 절대 이길 수 없다. 예수님의 방법으로 이겨야 한다. 기도와 예배는 예수님이 주신 최고의 방법이다. 예수님이 어떻게 사탄을 이기셨는가? 그분의 공생애는 어떻게 승리했는가? 기도와 예배로만 가능하다.

우리 자녀들이 웃사가 되지 않게 하라. 그들에게 복음의 비밀을 알려주라. 궤짝을 넘겨주지 말고, 살아있는 법궤의 영광을 보여주라. 다음세대가 법궤의 영광을 운반하게 하라. 이것은 지금 한국교회의 심각한 문제이다. 부모세대는 하나님의 영광을 보았고, 부흥과 기적을 경험했다. 아무것도 없는 나라에서 하나님의 영광을 보았다.

그러나 그들은 자녀들에게 부를 물려주었다. 좋은 대학을 보내고 공부를 시켰지만 신앙을 물려주지 못했다. 신앙의 유산이 아닌 돈을 물려주었다. 그것은 오래갈 수 없다. 다음세대에게 부흥의 영광, 믿음의 유산을 넘겨주어야 한다.

웃사의 죽음은 그 아버지에게 책임이 있다. 그것은 잃어버린 법궤의 영광을 보여주는 사건이었다. 온 이스라엘이 모인 자리에서, 열정에 사로잡힌 다윗 앞에서 여호와는 여호와로 선포되었다. 하나님은 하나님이시다. 여호와의 영광이 온 이스라엘에 선포되었다. 종교가 심판을 받았다. 인본주의, 세속주의가 깨졌다. 우리에게 임하는 진동의 의미를 발견해야 한다.

하나님은 살아계신다. 한국 땅에서 하나님은 살아계신다. 하나님이 깨어나고 계신다. 오늘 기도의 집 운동은 하나님을 깨우는 것이다. 이 기도의 집을 통해 종교가 끊어진다. 인본주의와 습관화된 종교가 깨진다. 입으로는 하나님을 말하지만 삶 속에는 그분이 없는 자들에게 하나님이 오신 것이다.

"모든 웃사의 영들을 끊어주십시오. 제 영을 흔들어 깨워주십시오. 제가 이 전환기에 웃사가 되지 않게 해주십시오. 하나님의 영광이 임하시는 시즌에 제가 깨어나게 해주십시오. 하나님의 영광이 열방에 부어지는 이 시즌에 자녀들을 깨워주십시오."

이것이 기도의 집 운동이며, 열방에 하나님께서 일으키시는 일이다.

법궤가 휘장 없이 백성들 가운데 드러났던 유일한 순간

그 어느 것에도 포장되지 않고 알몸과 같이 벗겨진 법궤 주위를 사람들이 욱여싸고 춤을 추며 예배했던 유일한 순간이 있다. 마치 예수님이 벌거벗겨져 십자가에 매달리신 것처럼 하나님을 상징하는 법궤가 아무것도 가려지지 않고 그 자리에 있었다.

여기에 다윗의 장막의 계시, 하나님의 계시가 있다. 하나님은 그분과 우리 사이에 아무것도 두지 않기를 원하신다. 그 사이의 모든 휘장을 찢길 원하신다. 하나님이 사람을 왜 만드시고 구원하셨는가? 부려먹고 일 시키려고 만드신 것이 아니다.

여러분은 하나님의 자녀인가? 그분의 아들과 딸인가? 어떤 부모가 부려먹기 위해 낳겠는가? 어떤 남편이 아내의 손을 보며 "여보, 왜 이렇게 손이 까칠해졌어? 설거지를 많이 해서 그렇구나. 우리 튼튼한 딸을 낳아서 빨래와 설거지를 다 맡깁시다"라고 할까?

그런데 우리는 하나님을 그렇게 생각한다. 그분이 우리를 부려먹으려고 구원하신 것으로 오해한다. 하나님은 우리와 함께하시기 위해서 우리를 구원하셨다. 그래서 다윗의 장막의 법궤는 알몸으로 우리 앞에 나타났다.

하나님이 우리와 함께 계시고, 그분이 우리의 아버지가 되시며, 우리가 그분의 영광스런 자녀가 되었기에 하나님과 우리 사이의 모든 휘장이 찢어졌다. 하나님이 우리의 예배 속에 살아계시기를 축원한다.

하나님은 우리의 숭배 받기를 거절하신다. 경배와 경외함을 받기 원하신다. 경배와 숭배의 차이가 뭔지 아는가? 인격적 교제가 없고, 맹목적이고, 수단과 방법과 목적을 위해 섬기는 것이 숭배이다. 하나님을 숭배하지 말라. 그분을 경배하고, 경외하고, 존경하고, 사랑하라. 하나님은 우리를 사랑하신다.

> 예수께서 다시 크게 소리 지르시고 영혼이 떠나시니라 이에 성소 휘장이 위로부터 아래까지 찢어져 둘이 되고 땅이 진동하며 바위가 터지고 마 27:50,51

예수님이 크게 소리 지른 뒤 돌아가셨다. 예수님이 운명하심과 동시에 하나님께서 아들이 죽기를 기다리셨다는 듯이 휘장을 위에서 아래로 찢으신 일, 이것이 복음이다. 하나님은 그분과 우리 사이에 아무것도 없기를 바라신다. 하나님의 임재가 여러분에게 있기를 바란다.

로마서 8장 14,15절을 보라. 우리가 하나님을 "아빠"라고 부른다고 말씀하신다. 모든 종의 영을 끊어버리시고 아들의 영을 부으사 아빠 하나님이 되신다. 하나님은 우리의 아빠이시다. 이것이 다윗의 장막의 비밀이다.

당신이 걸어 다니는 법궤들이 되기를, 법궤를 모신 사람들과 하나님의 영을 모신 사람들이 되기를 축원한다. 그것이 풀어지는 것이 다윗의 장막이다. 하나님이 여러분에게 전진해오시게 하라.

그 하나님의 임재를 다윗이 경험했다. 그가 목동으로 있을 때 경험했다. 그래서 그 한 가지를 구한 것이다. 하나님의 임재를 알기 때문에 그것을 구한 것이다.

그러나 내 종 갈렙은 그 마음이 그들과 달라서 나를 온전히 따랐은즉 그가 갔던 땅으로 내가 그를 인도하여 들이리니 그의 자손이 그 땅을 차지하리라 민 14:24

"갈렙은 그 마음이 그들과 달라서"를 원문으로 보면 '다른 영이 그와 함께 있어'라는 표현으로 적혀있다. 갈렙은 그들과 다른 영을 받았기에 믿음으로 말할 수 있었다. 새 영이 부어지길 축복한다.

함께 기도하기

→ • 웃사의 영을 끊어주십시오. 휘장을 찢어주십시오. 예수님, 새 영을 부어주십시오. 다른 영을 주십시오. 믿음의 영을 부어주십시오. 내 속에 웃사의 영이 끊어지고 떠나갈지어다.

→ • 잠들어 있는 제 영을 흔들어 깨워주십시오. 제가 산 영을 받을 수 있도록 도와주십시오.

CHAPTER 6

오벧에돔

그날에 다윗이 하나님을 두려워하여 이르되
내가 어떻게 하나님의 궤를 내 곳으로 오게 하리요 하고
다윗이 궤를 옮겨 자기가 있는 다윗 성으로 메어들이지 못하고
그 대신 가드 사람 오벧에돔의 집으로 메어가니라
하나님의 궤가 오벧에돔의 집에서
그의 가족과 함께 석 달을 있으니라
여호와께서 오벧에돔의 집과
그의 모든 소유에 복을 내리셨더라

대상 13:12-14

오벧에돔은 누구인가

오벧에돔에 대해 학자들의 의견이 분분하다. 혹자들이 이방인 가드 사람이라고 추측한다. 가드 사람으로는 골리앗이 있다. 가드는 블레셋 용사들의 고장이다.

또 다른 학자들은 아마 가드로 옮겨가서 살았던 유대인이거나 레위인일 것이라고 추정한다. 또 어떤 이는 원래 이방인인데 유대인으로 개종한 사람일 것이라고 추정한다. 또는 예수님을 갈망했던 경건한 유대인이었을 거라고도 생각한다.

한마디로 정체가 불분명한 사람이다. 본래 이스라엘 민족이며 가드 지역에 살았지만, 사울 왕 시대에는 법궤를 모시지 않았기에 흩어진 레위인으로 보아야 한다고 생각하기 쉽다.

그러나 성경 전체를 볼 때 이 사람은 분명히 이스라엘 사람이 아닌 이방인, 블레셋의 가드 사람으로 보는 것이 맞다. 성경 전체에서 사람 이름 앞에 지명이나 가문, 부모의 이름이 있는 것은 모두 출신 배경이나 국적, 소속을 밝히기 위한 것이었다.

그러므로 이 사람도 가드 사람이라는 것을 분명히 알리기 위해 의도적으로 표기한 것으로 보인다. 그는 블레셋 이방인이었다. 성경에서 레위인들의 족보가 몇 번 나타나지만 오벧에돔에 대한 기록은 보이지 않는다. 그는 다윗 때에 갑자기 등장하여 웃사가 죽은 법궤 사건 이후에 등용되었다.

이 이방인이 법궤를 맡게 되었다. 이방인 가드 사람 오벧에돔의 집에 법궤를 보관한 것이다. 이것은 후에 다윗의 장막의 계시와 기도의 집의 이해에 있어서 너무나 중요한 사건이었다.

그런데 재미난 일이 벌어진다. 3개월 동안 오벧에돔의 집에 하나님의 큰 축복이 임했다. 이 사건이 다윗에게 충격을 주어 그의 부르심을 회복하게 해준다.

딜레마에 빠져있는 다윗에게 오벧에돔의 이야기는 많은 답을 풀어주었다. 이방인 오벧에돔이 법궤를 가져가고 난 이후에 하나님의 크신 은혜가 임하고, 아무 문제가 없는 것을 보고 다윗은 법궤를 가져오는 것이 하나님의 뜻이고 축복임을 확인한다.

다윗이 어떻게 법궤를 다시 가져올 생각을 하게 되었는가? 온 유대에 소문이 났다. 법궤를 맡은 오벧에돔이 안 죽었을 뿐 아니라 큰 복을 받았다고. 이 복이 얼마나 컸는지 온 이스라엘에 소문이 났다. 이로 인해 다윗이 거룩한 시샘을 하게 된다.

이 사건은 마지막 때에 유다가, 이스라엘이 시기하게 될 것에 대한 계시였다. 유대가 듣게 될 것이다. 다윗이 듣게 될 것이다. 이방의 기도의 집에 다윗의 집에 머물렀던 하나님의 임재와 영광이 임했다고. 한국 기도의 집에 하나님의 영광이 임했다고. 유대인들이 질문할 것이다.

"왜 선택 받은 민족인 우리에게는 하나님의 영광이 임하지 않는 것인가? 우리 조상의 하나님의 영광이 왜 이방인에게 머무는 것일까?"

그로 인해 유대인들이 예수님을 찾고 만나는 일이 일어날 것이다. 예슈아가 이스라엘의 왕이시고 메시아인 것을 고백하게 될 것이다.

오벧에돔이 주는 의미

다윗의 장막 안에서 이루어지는 한 새 사람(One New Man)

오벧에돔은 이스라엘을 시기나게 할 이방

오벧에돔은 이방을 상징한다. 이방이 유다족속을 깨우고 구원할 것의 예표이다. 이방에 하나님의 임재가 왔다는 뜻이다. 오벧에돔에게 임한 하나님의 임재는 다윗을 돌이키게 했고, 깨닫게 했다. 이방 가운데서 먼저 회복된 영광을 보며 유대인들이 시기케 될 예표가 가드 사람 오벧에돔이다.

그래서 다윗의 장막이 결국은 유대에서 일어나게 될 것이다. 기도의 집과 관련된 많은 성경구절에서 항상 이방인이 하나님께 제사하고 구원을 받는다는 말씀이 있다. 이사야 56장 6,7절, 말라기 1장 11절, 아모스 9장 11,12절 모두가 이방이 와서 함께 예배한다는 내용이다. 이는 사도행전 15장 15-17절의 선포가 의미하듯 교회의 완성을 의미한다. 교회가 기도의 집이고, 한 새 사람(One New Man)인 것을 보여준다.

이스라엘에 다윗의 장막이 일어날 날이 올 것이다. 그때 이스라엘의 회복과 부흥이 임할 것이다. 그리고 이스라엘의 부흥의 봉화와 함께 모든 봉화가 연합하면서 하나님의 군대가 일어날 것이다. 거기서 에베소서가 말하는 한 새 사람이 이루어질 것이다. 우리는 십자가 안에서 하나가 될 것이다.

에베소서에 '한 새 사람'에 대한 이야기가 나온다. 예수 그리스도의 십자가를 중심으로 이방인도 유대인도 아닌 하나님나라의 백성이 되는 것, 그것이 교회이다. 그래서 다윗의 장막과 기도의 집이 나오는 본문마다 "내 백성 이스라엘"과 "내 이름으로 일컫는 모든 이방인"에 대해 나온다. 이들이 다윗의 장막에서 하나 되는 것을 교회라고 한다. 그것이 교회의 완성이다.

이방인의 교회만 주께 돌아와서는 교회의 완성이 될 수 없다.

이방인과 유대인이 하나로 모여야 예수님이 꿈꾸셨던 교회가 된다. 로마서 9장부터 11장까지는 유대인의 구원을 설명하고 있다. 이방인과 유대인이 십자가에서 온전히 하나가 될 때, 로마서 12장 이후의 예배의 완성이 이루어진다.

이것이 '한 새 사람'이다. "각 나라와 족속과 백성과 방언에서 아무도 능히 셀 수 없는 큰 무리"(계 7:9)가 십자가 안에서, 한 성령 안에서 하나가 되는 신비적인 연합이 이루어진다.

나는 이것을 예배의 신비 속에서 경험한다. 하나님의 임재 안에서 영과 영이 교통하는 코이노니아를 경험하면 문화적 차이가 있어도 하나님을 경배하는 데는 아무 문제가 없다는 것을 깨닫는다. 성령님 안에서 한 영으로 하나 되면 언어와 문화를 초월한다. 예배가 울려 퍼지면 말이 필요 없고 영으로 통한다.

하나님의 강력한 임재가 풀어질 때 한 영인 것을 느낄 수 있다. 이것이 천국의 삶일 것이다. 영의 교통이 이루어지면 우리는 한 사람이 될 것이다.

요즘 이스라엘의 회복 운동이 일어나고 있다. 그런데 그 가운데 우리가 유대인화 되어야 한다고 믿거나 율법을 지켜야 한다고 생각하는 이들이 있다. 이것은 미혹이다. 유대인도 버린 율법을 왜 지키는가? 나는 그렇게 외치는 이들에게 질문한다.

"당신이 사도 바울보다 더 율법을 잘 아는가? 더 유대인인가? 더 의로운가?"

그렇지 않다면 우리는 사도 바울의 로마서, 갈라디아서, 에베소서에 따라야 한다. 한 새 사람은 십자가를 기준으로 유대인도 이방인도 아닌 하나님나라의 한 백성이 되는 것이다. 부활의 새로운 사람으로 일어나는 것이다.

왜 한 새 사람이 다윗의 장막과 함께 오는가? 모든 기도의 집과 다윗의 장막과 관련된 말씀을 보라. 거기엔 항상 "내 이름으로 일컫는 이방인과 남은 바 내 백성"이라고 기록되어있다. 어떤 때는 순서를 바꿔 "남은 바 내 백성 이스라엘과 내 이름으로 주를 찾는 이방인들, 그들이 함께 주를 찾노라"라고 하신다. 이것이 한 새 사람이다. 교회이고, 교회의 완성이며, 하나님의 계획이다.

그런데 왜 우리는 이스라엘의 절기에 관심을 갖는가? 이스라엘의 모든 지형, 기후, 절기들에 하나님의 메시지가 있다. 그 절기의 순서에 하나님의 타임 스케줄이 녹아있다. 예수님이 끌려가서 어쩔 수 없이 죽으셨는가 아니면 목숨을 스스로 우리에게 주셨는가? 예수님은 살해 당하셨는가? 아니다. 예수님은 잡히는 일시조차도 그분이 정하셨다.

어떤 때는 예수님을 잡으러 왔던 이들이 초자연적인 방법으로 밀려나기도 했다. 예수님은 그들 사이로 그냥 지나가시기도 했다(눅 4:16-30). 그런데 때가 이르자 순순히 잡히셨다. 베드로가 칼로 예수님을 지키려고 하다가 "칼을 쓰면 칼로 망한다"라고 책망을 받는다. 주를 위해서 그가 할 수 있는 일이 없었다.

돌아가시는 날조차 그분이 결정하셨다. 놀랍게도 대제사장이 유월절 양을 잡는 오후 3시에 "일찍이 죽임 당한 어린양"(계 5:6)이신 예수님이 십자가 위에서 운명하셨다!

또 부활의 일시를 보라.

유월절을 지난 제3일, 보리 수확의 첫 열매를 드리는 초실절에 주 예수님은 "잠자는 자들의 첫 열매"(고전 15:20)로서 부활하셨다! 초실절에서 50일째가 되는 날, 밀 수확의 첫 열매를 드리는 오순절에 정확하게 강림하셔서 초대교회가 탄생되었다(행 2:1-3).

절기 속에 하나님의 시간 계획과 언약이 들어있다. 그러므로 예수님이 아무 때나 재림하지 않으실 것이다. 그래서 우리는 이스라엘과 그 절기를 공부한다.

왜 이스라엘을 축복해야 하는가

구약의 수많은 언약 중에 "예루살렘을 축복하라. 내가 복을 내릴 것이다"라고 약속하셨기 때문이다. 그들은 우리의 한 가족이며 주님이 "보물 백성"(암 세굴라; 신 7:6, 14:2, 26:18)으로 선택하신 가장 사랑하시는 민족이기 때문에 축복해야 한다.

사실 나는 그동안 '이스라엘 맨데이트'(Israel Mandate)가 머리로만 이해되었다. 나는 선교에 관심이 있었지만 왜 이스라엘을 특별히 축복해야 하는지 감정적으로 와 닿지 않아서 하나님께 '왜 이스라엘입니까?'라고 물었다. 그때 하나님이 내게 놀라운 비유를 주셨다.

'네겐 영적 자녀와 육적 자녀가 있는데 사역이 바빠서 육신의 자녀들을 잘 볼 수가 없다. 자녀를 볼 시간이 없어서 아들이 자고 있을 때 주로 애정표현을 한다. 그런데 만약 영적인 아들은 하나님을 알고 은혜를 받는데 네 육신의 아들이 하나님을 모른다면 네 마음이 어떻겠느냐? 이것이 이스라엘을 향한 내 마음이다. 이것이 내 고통이다.'

그때부터 나는 이스라엘을 사랑하기로 했다. 이스라엘에게 값을 지불하기로 했다. 하나님의 관심은 이스라엘의 절기나 유대인을 흉내 내고 고기를 가려 먹는 코셔(kosher) 음식에 있지 않다. 그들이 예수께로 돌아오는 것에 있다. 유일한 구원의 길인 십자가로 돌아오는 것이 하나님의 관심이다.

다윗의 장막 안에서 한 새 사람이 된다. 하나님의 임재의 신비와 지성소 안에서 우리가 하나 될 것이다. 거기서 유대인과 이방인 모두가 하나님의 백성이 되며 교회의 완성이 이루어질 것이다.

신부가 아름답게 단장하면 신랑이 불타는 마음으로 달려올 것이다. 이것이 기도의 집, 다윗의 장막이다. 이 내용이 오벧에돔의 계시 속에 있다. 이스라엘을 향한 아버지의 마음이 부어지길 축원한다. 인류의 구원 때문에 희생당하고 있고, 이유 없는 학살과 핍박을 받았던 이스라엘을 축복하라.

하나님은 이스라엘과 이방인 둘 다 사랑하시지만 친자와 같은 이스라엘이 방황할 때 슬픔으로 인내하신다. 그래서 이스라엘을 축복하길 원하신다. 그것이 로마서 9-11장의 진리이다.

바울은 "차라리 내 영혼이 지옥에 갈지언정 이스라엘이 돌아오길 바란다"라는 극단적인 표현을 쓴다(롬 9:3). 로마서 9-11장은 이스라엘을 향한 예수님의 복음이다. 그때 복음이 완성된다. 예수님이 이 계시를 풀고 계신다. 그분의 마음이 불타고 있다.

예수님이 오시기 전에 이 땅이 부흥을 경험해야 한다. 하나님의 얼굴을 구하자. 여기저기서 봉화의 불이 타오르기 시작했다. 활활 타오르기 바란다. 오벧에돔의 계시, 다윗의 장막의 계시가 여기에 있다.

마지막 때, 기도의 집 중심의 초자연적 축복

오벧에돔의 집에 임한 초자연적 축복

오벧에돔 이야기에 또 하나의 계시가 있다. 마지막 때, 예수님의 목적을 위한 경제적 부흥이다. 마지막 때에 하나님이 재물을 움직이실 것을 믿는가? 재정의 주인이 하나님이심을 믿는가? 왜 선교하는 나라들이 강건해졌는가? 하나님나라의 일을 위해서이다.

경제적 부흥의 조건을 하나도 가지지 않았던 한국이 세계적인 신흥 경제 대국으로 급부상한 이유는 딱 한 가지다. 선교하는 나라였기 때문이다.

미국이 3만여 명, 한국이 2만 5천 명을 선교사로 파송했다고 한다. 그런데 여기에는 많은 차이가 있다. 첫 번째는 미국과 한국의 인구 비율과 기독교 인구 비율의 차이다. 두 번째는 사역의 차이인데, 서구권 선교사들은 대부분 기관사역을 주로 한다. 대다수가 극동지역보다는 보다 안전한 지역에서, 교육기관이나 봉사단체들에서 사역한다.

그들의 선교는 안전제일주의가 우선인 반면에 한국 선교의 특징은 위험한 지역들 가운데 들어간다는 것과 교회개척 사역을 중심으로 한다는 것이다. 때로 이것이 약점이 되기도 한다. 한국 선교사들의 80퍼센트는 기관사역이 아닌 교회개척자들이다.

구소련이 붕괴되고 러시아 지역이 열리자 한국 선교사들이 몰려 들어갔다. 그리고 들어간 지 1~2년 안에 교회들이 세워졌다. 지금 한국이 소돔과 고모라와 같이 되어가고 있지만 하나님이 기다리시는 이유는 한국이 하나님나라의 일을 하고 있기 때문이다.

오벧에돔의 집에는 초자연적 경제부흥을 포함한 총체적 부흥이 임했다. 3개월 만에 엄청난 복을 받았다. 하나님이 마지막 때에 하나님나라를 위해 경제적 부흥을 일으키신다. 하나님께서 가장 높은 부르심의 성취를 위해 재물을 일으키신다.

성경에서 일어난 모든 부흥, 특히 구약의 7대 부흥은 경제적인 부흥을 수반했는데, 그 모든 부흥의 핵심에는 다윗의 장막의 회복이 핵심을 이루고 있다. 복을 주기 위한, 축복을 위한 축복이 아니다. 성전의 건축과 회복을 위해 애굽의 재물이 이스라엘로 왔고, 성전의 재건을 위해 바벨론의 재물 일부가 이스라엘로 보내졌다. 성경은 "금도 은도 다 하나님의 것"이라고 했다(학 2:8).

하나님이 재정을 일으키신다. 기도의 집이 선포되고 나서 그 시즌부터 기업들이 일어나고 있다. 내가 주목하는 한 기업인이 있다. 그는 혼자 아르바이트 수준의 일을 하고 있었다. 그는 월 3천만 원 정도의 수익으로 혼자 만족하며 살다가 예수님의 명령으로 기업 수준의 일을 하기 시작했다.

그는 결국 레위인들(기도의 집에서 24/7 사역에 풀타임으로 헌신한 자비량 중보기도 선교사들)을 먹이기 위해 기업을 열게 되었다. 그 기업은 시작한 지 몇 년이 안 되어서 연 100억에 가까운 수익을 올리게 되었다.

그가 사업을 하게 된 계기가 있다. 어느 날, 어떤 이스라엘인이 나를 찾아왔다. 예수님이 우리 교회에서 나팔을 불고 선포하라고 보내셔서 왔다고 했다. 그러면서 주일예배 때 10분 정도만 시간을 달라고 요청했다.

나는 굉장히 고민이 되었다.

'예배의 흐름에 방해가 되면 어떻게 하지? 하나님의 임재에 방해가 되면 어떻게 하나? 교인들이 나를 실없이 보면 어쩌지?'

예수님의 말씀에 순종해서 왔다고 하기에 그의 요구대로 예배

시간 15분 정도를 내주었다. 그는 10분간 두서없이 이야기를 하고, 5분 정도 나팔을 불었다. 그동안 내 마음은 많이 어려웠다.

그런데 놀라운 일이 일어났다. 나팔을 부는 동안에 치유가 일어났다. 이 기업가는 그날 3부 예배에 왔다. 유대인 나팔수가 3부 예배 때에도 알 수 없는 이야기를 하고 5분 이상 나팔을 불었다. 그 기업가는 교회를 사랑하는 사람으로서 마음이 너무 어려웠다고 한다. 그런데 그에게 놀라운 일이 생겼다.

나팔이 울려 퍼지는 동안 갑자기 정수리부터 200볼트 이상의 전압 같은 것이 흘러 들어왔다. 그래서 의자에서 떨어질 뻔했다고 한다. 전기 고문을 당한 것 같았다고 했다. 그때 주의 음성이 들려왔다.

'레위인을 먹여라. 내 군대를 예비해라.'

그날 이후 그는 기업을 하기로 결단했다. 이 기업이 지금 급성장하고 있다. 이 기업이 세계적인 브랜드 기업이 된다면 십일조만 레위인에게 주어도 그들이 다 먹고 살 수 있을 것이다.

하나님께서 부흥을 일으키신다. 오벧에돔의 족속이 일어나기를 축복한다. 오벧에돔의 자녀들은 후에 이방인임에도 불구하고 레위 반열에 서서 악기를 연주하는 영광을 얻었다. 특별히 곳간을 지켜서 제사장들과 레위인들에게 양식을 나누고 베푸는 사람들이 되었다(대상 26:15). 레위인을 위해 물질을 심고, 그들을 축복하라.

중국의 어떤 백화점에서 이 기업가의 제품을 쇼핑몰의 메인 브랜드로 하겠다는 제의가 들어오고 있다. 신디 제이콥스가 이 기업가에게 하나님이 세계적인 브랜드를 주실 것이라는 언약을 선포했다. 그는 거의 매일 기도실인 원띵룸에 와서 기도를 한다.

그 시즌에 일어난 또 다른 기업인이 있다. 우리나라의 인삼을 전 세계에 알린 사람이다. 그는 정권이 바뀌는 중에 좌천이 되어 고민하다가 은퇴했다. 그리고 매일 기도의 자리로 나왔다.

그런데 기도하다가 전혀 생각지 않았던 아이템이 떠올랐다. 성령의 인도를 따라 홍콩에 있는 친구를 찾아갔다. 그 친구가 조건 없이 50억을 투자해주었다. 그리하여 큰 공장도 짓고 자산이 수십 억대가 되어가고 있다. 하나님이 행하신 일이다.

오벧에돔 족속이 일어나기를 축원한다. 하나님이 마지막 때에 다윗의 장막을 그냥 세우시는 것이 아니다. 오벧에돔을 일으키시고 또한 다윗 같은 왕들을 일으켜서 레위인들을 먹이고 기르며 훈련시키고 세우기 원하신다.

성경은 예레미야 33장 17,18절에서 영원히 남을 두 지파를 지명하는데 하나가 레위지파이고 또 하나가 다윗의 지파인 유다지파이다.

성경에 나타난 재물의 이동

성경에 경제적 기적과 부흥이 있는가? 최초의 경제 기적은 어둠의 재물을 빼앗아서 하나님의 백성에게로 옮긴 사건이다. 그 일은 출애굽 때 일어났다. 이스라엘이 출애굽할 때 애굽 사람들이 빨리 나가라고 금가락지, 은가락지 등의 패물을 주었다. 유대인들이 애굽의 금은보화를 챙겨서 나왔다. 노예생활을 했던 그들에게 경제적 기적과 부흥이 온 것이다.

그런데 그 다음이 중요하다. 그 재물이 둘 중의 하나로 쓰임받게 된다. 먼저 금송아지를 만드는 데 쓰였다. 그 경제 부흥과 기적이 저주를 받는 데 쓰임을 받았다. 이 재물이 어디로 가야 하는가, 이 축복이 어디로 가야 하는가?

남은 금은보화는 하나님의 성막을 지을 때 등장한다. 하나님의 재정은 하나님나라와 하나님의 집을 짓는 데 모두 사용되어야 한다.

이스라엘에 또 경제적 기적과 부흥의 흔적이 있는가? 바사 왕 고레스가 포로로 잡혀왔던 이스라엘을 돌려보내며 은금과 여러 가지 물건을 주어 성전을 짓게 했다(스 1:2-4). 느헤미야가 예루살렘 성벽을 재건할 때도 바사 왕이 재목을 대주었다(느 2:7,8).

구약성경에 일곱 번의 종교개혁이 있을 때마다 경제 기적과 부흥이 일어났다. 바벨론의 재물이 예루살렘에 왔다. 군대도, 빼앗아갔던 성전 그릇도, 건축자재도 보내주었다. 이스라엘의 일곱번의 종교개혁이 무엇과 관련이 있는가? 다윗의 장막의 회복, 성전의 회복과 관련이 있다.

일곱 번의 종교개혁가들이 무엇을 했는가? 도망갔던 레위인들을 불러 모으고 성전에 찬양이 다시 울려 퍼지게 했다. 이것이 구약의 종교개혁이었다. 역대상 15-29장까지의 부흥이 구약에서 반복되었다. 그것이 이스라엘의 종교개혁이며 부흥 운동이었다. 다윗의 장막과 교회, 기도의 집의 회복이다. 그때 이방의 재정이 주께로 돌아왔다.

사도행전에 부흥이 터졌다. 그러자 사람들이 자기 재산을 사도들의 발 앞에 가지고 왔다. 부흥이 있었던 모든 민족에게 축복이 왔다. 하나님이 그 민족들을 높이신다. 오늘 이 땅의 재물이 땅으로 꺼지는 재물이 되지 않기를 축원한다.

문지기와 곳간지기가 된 오벧에돔의 자손들

오벧에돔의 자녀들이 어떻게 되었는가? 예배하는 자들이 되었다. 문지기와 곳간지기가 되었다. 레위인 중에서도 창고를 지키고 공평하게 물질을 나눠주는 물권을 가진 자들이 되었다.

오늘날 하나님께서 레위인들을 다루실 때 재물의 문제를 다루시곤 한다. 이는 돈이 아니라 우리를 다루시는 것이다. 한때 유대의 역사 가운데 레위인들이 너무 부해져서 타락한 적이 있다. 돈의 문제가 중요한 것이 아니다.

첫 계명이 회복되기 바란다. 말라기 말씀이 무엇인가? 레위인의 회복에 대한 말씀이다. 레위인들을 다루겠다고 하신다. 그들의 헌신을 측정해보겠다고 하신다. 물질의 고난을 주겠다고 하신다. 본질을 회복시키기 위해서이다. 경제 문제는 하나님께 달려있다. 하나님의 재정을 맡은 청년들, 기업인들이 일어나길 바란다. 예수님이 그런 이들을 찾고 계신다. 그런 기업인들을 일으키실 것이다. 그래서 그분의 나라를 든든히 이루어가실 것이다.

세계의 부흥을 보면 영적인 패턴이 바뀔 때마다 주의 음성을 듣는 자들이 일어났다. 새로운 영적인 흐름을 이끌어가는 영적지도자들이 일어났다. 지금도 새로운 기업인들이 일어나고 있다. 그래서 그 일을 할 수 있도록 하나님이 도와주신다. "은도 내 것이요 금도 내 것이니 이스라엘아, 염려하지 마라"라고 하신다.

마지막 때, 교회의 모형에 대한 계시

오벧에돔의 계시에는 마지막 때의 교회 모형에 대한 계시가 담겨있다. 마지막 때의 교회의 모습과 구조가 담겨있다. 이제 우리는 교회와 기도의 집을 분리시키지 말아야 할 것이다. 이것이 교회의 본질적인 모습인데 왜 분리되어야 하는가? 이 본질적인 일이 교회에서 떠난다면 교회는 무엇이 되겠는가?

교회와 기도의 집은 하나이다. 이것은 교회를 회복시키며 본질적으로 바꾸는 운동이다. 교회가 교회 되는 것이다. 여기에 중요한 계시가 있다. 법궤가 오벧에돔의 집에서 그의 가족과 함께 석

달을 있었다. 마치 법궤가 가족의 일원이 된 것 같았다.

웃사의 집은 법궤가 가족과 함께 있었으나 궤짝이 되었다. 신앙의 대물림이 일어나지 못한 것이다. 법궤의 소중함을 몰랐다. 그런데 오벧에돔의 집은 온 가족이 법궤를 가족의 일원처럼 함께했다.

예수님이 마지막 때에 가정을 회복시키실 것이다. 이스라엘의 가정과 같이 가족들이 하나님의 임재를 중심으로 하나 될 것이다. 가족이 함께 시간을 많이 보내는 것보다 그 시간을 어떻게 보내는지가 더 중요하다. 우리 가족은 하나님의 임재를 함께 경험하고 그 가운데 안정감을 갖는다.

오벧에돔의 계시는 마지막 때에 교회의 다양한 형태를 보여준다. 일터 교회, 영역 교회, 가정 교회 등 모든 영역에 교회들이 세워지고, 기도의 집이 되고, 기도의 제단이 쌓일 것이다. 이것이 에베소서 1장 22,23절 말씀처럼 "만물 안에서 만물을 충만하게 하시는 이의 충만함"이 어떻게 성취되는지를 보여준다.

교회는 그리스도의 몸이요, 그리스도는 만물의 머리시다. 그리스도는 교회의 머리이시고, 교회는 만물을 충만케 하시는 이의 충만이다(엡 1:23). 만물 안에 있는 교회, 마지막 때의 교회의 역할을 회복해야 한다.

오늘 다윗의 장막은 교회이다. 다윗의 장막은 교회의 본질적인 회복이며 기도의 집이다. 모이는 교회와 흩어지는 교회의 이중구조가 다윗의 장막, 더 나아가서는 기도의 집에 들어있다.

함께 기도하기

→ 예수님, 우리에게 새 영을 부어주소서. 지혜와 계시의 영을 부어주소서. 예수님, 계시가 필요합니다. 예수님을 더 알고 싶습니다. 예수님께 목마릅니다. 하늘의 비밀한 것을 보여 주십시오.

→ 레위지파를 일으켜주십시오. 왕권을 가진 자들을 일으켜주십시오. 오벧에돔 족속이 일어나게 해주십시오. 교회여, 깨어날지어다. 교회여, 부흥을 기도할지어다. 교단과 교파를 초월하여 주의 얼굴을 구할지어다!

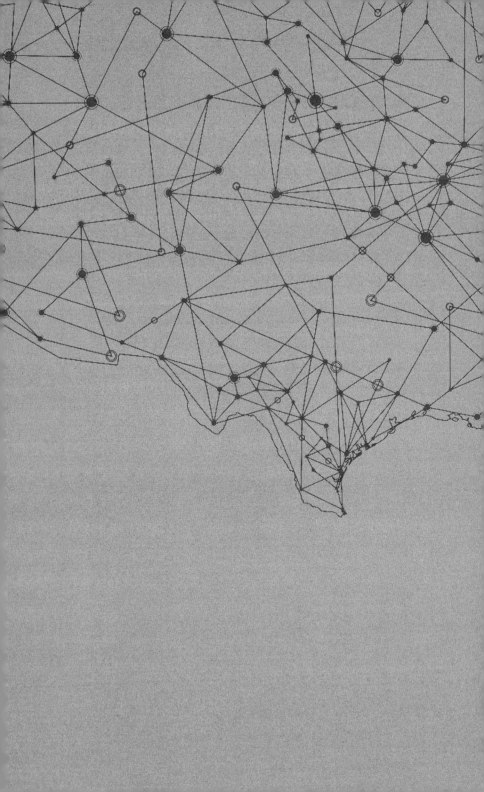

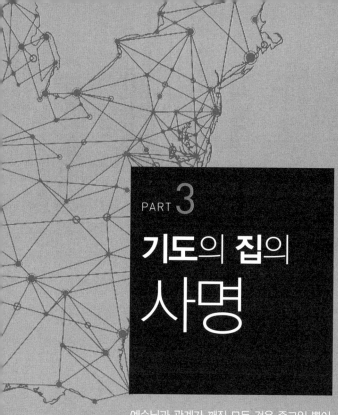

PART 3

기도의 집의
사명

예수님과 관계가 깨진 모든 것은 종교일 뿐이
다. 우리는 생명을 나눈다. 그 생명은 예수님
을 향한 불같은 사랑으로부터 온다. 기도의 집
은 첫 계명을 회복하는 운동이다.

CHAPTER 7

모세의 성막과
다윗의 장막

다윗의 장막

다윗이 아삽과 그의 형제를 여호와의 언약궤 앞에 있게 하며

항상 그 궤 앞에서 섬기게 하되 날마다 그 일대로 하게 하였고

오벧에돔과 그의 형제 육십팔 명과

여두둔의 아들 오벧에돔과 호사를

문지기로 삼았고

대상 16:37,38

모세의 성막

제사장 사독과 그의 형제 제사장들에게

기브온 산당에서 여호와의 성막 앞에 모시게 하여

항상 아침저녁으로 번제단 위에 여호와께 번제를 드리되

여호와의 율법에 기록하여

이스라엘에게 명령하신 대로 다 준행하게 하였고

대상 16:39,40

모세의 성막과 구분되는 다윗의 장막의 특징

다윗의 장막과 모세의 성막에는 차이가 있다. 하나님께서는 아담과 결별하신 이후 끊임없이 우리에게 다가오셨고, 함께하고 자 애쓰셨다. 우리는 이것을 '여호와의 열심'이라고 부른다. 그분 은 쫓겨나는 아담에게 가죽옷을 입히셨다. 그것은 장차 어린양 의 희생을 통해 화목케 하실 하나님의 계획의 예표이자 예수 그리 스도의 예표였다.

그리고 제단과 성막을 허락하셨다. 성막 이후에 성전이 지어지 게 된다. 우리는 성막의 역사를 살펴볼 필요가 있다. 제단의 예배 와 성막의 예배, 솔로몬 성전, 제2성전이라는 스룹바벨 성전, 무 너지기 직전의 헤롯 성전이 있었다. 그 중간에 계시적인 하나님의 성전인 다윗의 장막도 있었다. 성막에서 성전으로 넘어가는 단계 에서 다윗의 장막을 볼 수 있다.

다윗의 장막의 출현과 흔적은 예배에 미친 한 왕이 벌인 해프닝 이 아니었다. 예언적이고 역사적이며 교회론적인 하나님의 일이었 다. 이것이 에덴의 회복이다. 창세기 28장의 벧엘이고, 아모스 9장 11절의 다윗의 장막이고, 이사야 56장 7절의 기도의 집이다. 그것이 사도행전 15장에 와서 이방인과 유대인이 하나 된 교회, 다윗의 장막이라고 선포되었다.

요한계시록 4-5장의 예배가 다윗이 보았던 예배이다. 24반차를 좇아서 세팅되었던 24시간의 예배이다. 요한계시록은 천상의 예배, 완성된 신부로서의 새 예루살렘을 의미하는 교회를 그리고 있다. 다윗은 하늘의 놀라운 예배를 보았다. 자신의 전 인생을 드려서 재현하고 싶은 영광이었다. 웅장하고 위대한 천상의 예배를 본 것이다.

이 일을 위해 예배자들과 중보자들, 다윗의 성전을 위한 오벤에 돔 족속들이 깨어나기를 축원한다. 이것이 성경 전체의 스토리이다.

모세의 성막은 원조 성전이었다. 솔로몬 성전은 천상을 상징하는 신비적이고 아름다운 성전이었다. 헤롯 성전은 하나님의 웅장하심과 크심을 상징했다. 그러나 다윗의 장막은 초라했다. 그의 집에 모셔져 있을 뿐이었다. 역대상 13장, 15장 1-24절, 17장, 25장은 다윗의 장막의 핵심 성경구절들이라 할 수 있다. 사실 역대상 11장 이후는 모두 다윗의 장막과 관계가 있다.

여기서 중요하고 놀라운 사건이 있다. 성막에서 성전으로 넘어가는 시기에 엄청난 사건이 벌어지는데, 많은 학자들이 이를 놓치고 있다. 이 시기에 성막과 법궤가 분리되어있었다. 성막의 핵심인 법궤가 성막과 분리되어 성막은 기브온 산당에, 법궤는 다윗의 장막에 33년이나 있었다.

한 시대에 법궤가 없는 모세의 성막(대상 16:39,40)과 법궤를 모셔간 다윗의 장막(대상 16:37,38)에서 동시에 제사와 예배가 드려졌다. 이것은 너무나 파격적이고 획기적이며 놀라운 진리의 계시를 가지고 있다. 이 두 장막의 비교는 기도의 집과 다윗의 장막을 이해하는 데 매우 중요하다.

24시간 쉬지 않는 예배

다윗의 장막에서는 24시간 쉬지 않는 예배를 드렸다. 역대상 16장 37절의 "항상"은 그 원문의 뜻이 '영속적으로, 멈추지 않고, 영원히'이다. 다윗의 장막의 예배는 주야로 멈추지 않는 예배였다. 그러나 40절을 보면 모세의 성막에서는 "항상" 아침과 저녁에만 예배를 드렸다.

그러나 다윗의 장막에서는 끊이지 않는 예배를 드렸다. 또한 절기와 필요에 따른 예배가 33년간 계속 진행되었다. 다윗은 어디에서 멈추지 않는 예배를 보았는가? 구약의 어디에도 모델이 없는 이 예배의 모형을 어디에서 가져온 것일까? 밤이고 낮이고 수천 명이 찬양하며 드리는 장엄한 기도와 예배를 어디서 본 것일까?

우리는 이것을 요한계시록 4-5장에서 비로소 볼 수 있다. 구약에서는 이사야 6장 1-5절에 잠깐 표현된 천상의 예배에서 볼 수 있다. 그러므로 다윗의 장막의 예배는 천상의 예배요, 하늘에서 이루어진 예배라 할 수 있다. 영원히 경배 받으실 하나님의 영광과 크심을 나타내는 하늘의 예배를 땅에서 드린 것이다.

제사가 없었던 찬양과 예언의 장막

모세의 성막은 제사 중심이었다. 양을 잡아 피를 뿌리며 태우는 제사를 드렸다. 다윗의 장막은 찬양과 예언적인 경배가 중심이었다. 성경에는 기도와 찬양을 가리키는 단어가 각각 십여 개가까이 있다.

그 중에 테힐라(시 22:3)와 테필라(사 56:7)는 예언적인 노래 형태의 기도와 경배를 의미할 때 쓰인다. 이것이 다윗의 장막이 모세의 성막과 다른 핵심이라 할 수 있다. 모세의 성막이 매우 무겁고 엄숙하고 제도적이고 종교적인 분위기가 지배적이라면, 다윗의 장막은 기쁘고 즐거운 축제요, 임재가 중심이 되었다. 그 임재 안에서 영적인 세계와 가까워질 수 있었다.

말씀이 찬양과 음악과 춤과 노래로 표현되는 예술적인 예배요 새로운 제사였다. 이는 예술의 구속과 회복이 일어나는 천상의 예배 모델이다. 모든 예술은 예배로 승화되어야 하고, 예배를 위한 도구가 되어야 한다.

휘장이 없이 모셔진 법궤

다윗의 장막은 성소와 지성소의 구분이 없었다. 법궤 앞에 아무것도 없었다. 하나님과 인간이 함께 있는 듯했다. 휘장이 없었다. 마태복음 27장 50,51절을 미리 보는 듯했다. 예수님이 돌아가시자마자 찢어졌던 휘장의 예언적 모형이다. 이것은 예배의 임재와 하나님의 임마누엘 되심의 상징이다. 또한 우리의 예배가 어떤 모습이어야 하는지에 대한 계시를 보여준다.

우리의 예배는 하나님을 만나는 것이어야 한다. 시간을 지키는 것이나 예배의 순서를 밟아나가는 것이 아니라 휘장을 지나 지성소로 들어가는, 하나님을 만나는 예배여야 한다.

다윗의 장막은 종교적이기보다 관계적이었다. 이것이 핵심이다. 종교적으로 하나님 앞에 나아간 것이 아니라 친밀함으로 나아갔다. 구약에서 유일하게 하나님을 "아버지"라고 부른 사람이 다윗이다(시 89:26). 이 시대에도 하나님과 마음이 합한 자들, 합한 교회들이 일어나야 할 것이다.

여기에서 신부의 영성이 나온다. 연합의 단계, 영광에서 영광에 이르는 단계가 신부의 승리이다. 진정한 신부는 예수님의 마음을 안다. 이 시대를 향한 예수님의 마음을 알고 성령이 교회들에게 하시는 말씀을 들어야 할 것이다. 하나님은 우리를 종교적이 아닌 관계적으로 부르고 계신다. 그것이 십자가 복음이다. 로마서 8장이고, 복음의 결론이다. 천국과 지옥의 논리가 아닌 관계로 부르셨다. 내게도 자녀들이 있다. 볼수록 예쁘고 감동스럽다. 하나님 아버지의 눈에 우리가 그러하다. 휘장이 찢어지길 바란다. 하나님과 당신, 하나님과 당신의 교회 사이의 모든 휘장이 찢어지고 아빠와 하나 되길 축복한다. 율법의 휘장, 죄의 휘장, 종교의 휘장, 정죄의 휘장이 모두 십자가에서 찢어졌음을 선포하라.

왕과 선지자의 리더십

모세의 성막은 피와 연기로 드려지는 예배였다. 이 예배의 핵심에 제사장들과 대제사장이 있었다. 그러나 다윗의 장막은 피와 제사가 아닌 경배와 찬양과 예언적 찬양이 중심이 되었다.

다윗의 장막에서는 노래하는 자들의 대장인 '선견자'가 예언적으로 노래하는 자들과 악기를 연주하는 자들의 주관자가 되었다. 그리고 그 선견자들은 철저히 왕의 지휘 아래 있었다. 그들은 밤낮으로 쉬지 않고 성결과 거룩 안에서 예배함으로 하나님과 친밀하며 하늘의 것을 보고 듣고 노래하고 선포했다.

여기서 다윗은 하늘의 뜻을 듣고 나라를 경영하고 다스리는 지혜와 해답을 얻었다. 사실상 그의 통치의 중심이었다. 요한계시록 4-5장에 다윗의 장막의 원형이라 할 수 있는 천상의 예배가 보인다. 거기서 우리는 거듭 "하나님의 일곱 영"이라는 단어를 보게 된다(계 5:6). 이것은 이사야 11장 2절에 기록된 성령의 다른 표현이다.

성령이 물과 불과 바람과 기름과 비둘기로 표현되는 것이 일반적인데 일곱 영으로 표현된 몇 부분이 있다. 예수님의 보좌와 삼위일체가 동시에 나타날 때, 특히 보좌 앞에 있을 때 그렇게 표현된다. 이것은 예수님의 통치와 다스림의 표현으로, 성령이 바로 하나님나라의 표현이다.

성령이 충만할 때 하나님나라가 임한다. 하나님의 통치의 중앙센터가 만들어지는 것이 다윗의 장막의 완성이다. 이것이 하늘의 통치 시스템이다. 그래서 구약의 위대한 왕들은 모두 예배자들이었다.

다윗의 장막 안에는 오중 직임이 들어있다. 역대상 25장 1-7절에는 에베소서 4장 11-16절이 들어있다. 같은 구조이다. 사도적인 총회 시스템이 다윗의 장막 시스템이다. 완벽한 시스템이다. 다윗의 장막은 교회의 원형이고, 하나님의 나라가 이 땅에 임하는 구조이다.

에베소서 2장 20-22절처럼 "사도와 선지자의 터 위에 세워진" 하나님의 교회의 원형이다. 사도와 선지자가 있었듯이 그곳에는 왕과 선지자와 예언적 노래와 경배가 있었다. 교회는 하나님나라를 이 땅에 가져오는 통로이며 동시에 하나님나라여야 한다.

사도행전 15장 15-17절에서 야고보 사도가 "다윗의 장막"을 이방인과 유대인의 하나 됨을 뜻하는 한 새 사람으로, 교회로 선포하게 된 배경이다. 교회는 다윗의 장막이며, 다윗의 장막은 교회의 본질이다.

왕의 지휘 아래 있었으니

아삽과 여두둔과 헤만은 왕의 지휘 아래 있었으니 대상 25:6

한국에는 예언 은사의 상처가 있다. 예언적인 은사를 매우 좋아하면서도 부정적으로 생각한다. 왜일까? 샤머니즘적인 습성과 그것으로부터 오는 상처들 때문이다. 사도적 리더십이 없는 선지자는 잘못될 수밖에 없다. 권위 아래 있지 않은 은사는 거의 다 잘못된다.

그 은사를 멘토링하고, 분별해주고, 훈련시켜줄 수 있는 지도자가 없는 선지자는 이세벨이 된다. 선지자에게는 사도적 리더가 반드시 있어야 하고, 사도적 리더에겐 반드시 선지자적 동역자가 필요하다.

사도적 지도자는 하나님이 이 시대에 하시는 일을 아는 자이고, 말씀의 기름부음을 받은 자이다. 그래서 전체 그림을 본다. 그런데 부분적으로 섬세하게 못 볼 때가 있다. 많은 영적전쟁을 치르기에 힘이 부족할 때가 있다. 그때 하나님이 그들에게 선지자적이고 중보자적인 리더를 붙이신다. 이들은 현미경같이 섬세하고 분명하게 본다. 그러나 경우에 따라 전체 그림은 잘 보지 못한다. 그래서 실수할 때가 있다.

사도행전 20-21장에서 사도 바울은 큰 그림을 보고 예루살렘으로 가려고 했다. 그때 현미경처럼 보는 선지자들이 나타나서 "거기에 가면 죽는다. 결박을 당한다"라고 하면서 막았다. 그들이 본 것은 맞지만 하나님의 일을 막을 수도 있었다. 바울은 큰 그림을 보고 성령의 매임을 받아 예루살렘을 향해 갔다.

사실 둘 다 맞았다. 중보자 아가보 선지자가 본 대로 바울이 사로잡혔다. 선지자적 중보자는 이것만 보았다. 그런데 바울은 더 멀리까지 보았다. 그는 이것을 통해 로마에 가서 복음을 전하게 되었다.

사도적인 리더는 중보자의 말에 귀를 기울여야 한다. 이들이 보는 것이 정확할 수 있기 때문이다. 선지자적 리더들은 중보자다. 그들은 뚫어내는 일을 잘할 수 있다. 사도적인 리더들은 큰 그림을 보고 비전을 향해 달려가기 바쁘다.

사도적인 리더들이 계시를 받고 선포하다 보면 실제와 구체성을 잃어버릴 수 있다. 그런데 사도적인 교사들은 재생산하여 자신이 계시를 받은 것처럼 잘 가르친다. 그래서 중요한 가치들을 교회 안에 보존하고 전수시키기 위해 그들이 필요하다.

우리는 한 팀이다. 교회는 연합해야 한다. 그래야 하나님의 큰 그림을 이룰 수 있다.

다윗의 장막에 나타난 신정적 통치의 구조, 오중 직임

역대상 25장을 보면 이 구조가 만들어져 있다. 다윗이 어떻게 신정적 통치를 왕정 안에서 풀어내었는가? 오중 직임 때문이다. 사도적인 위치에 다윗 왕이 있었다. 선견자 중에 아삽, 헤만, 여두둔이 있었다.

다윗의 장막 안에는 말씀을 지키는 레위인들이 있었다. 곳간을 풀어 과부와 고아를 돌보는 목자들도 있었다. 완벽한 시스템과 팀이다. 하나님의 뜻이 땅에 이루어지게 하는 좋은 시스템이다. 이것이 다윗의 장막이고 교회이다. 그래서 다윗의 장막에서 예언적 경배가 풀어진다.

역대상 15-17장에 아삽과 여두둔과 헤만이 나온다. 그들은 악기 연주자로 표현되어 있다. 노래하는 자들인데 그들의 호칭이 바뀌기 시작한다. 22장 이후부터 특히 25장에 선명하게 '선견자 헤만'이라고 기록되어있다(5절). 잊지 말라. 선지자적 중보자에게는 사도적 리더가 있어야 한다. 그래야 보호가 된다.

우리 기도의 집에 많은 찬양자들이 있다. 나는 그들이 아삽,

혜만, 여두둔과 같이 되기를 기대한다. 예언적 노래와 하나님의 뜻을 표현하는 노래, 그것이 다윗의 장막이다.

다윗의 장막은 모리아 산에 있었다. 그 일대에서 가장 높은 산이다. 거기서 24시간 노랫소리가 들렸다. 특별히 예루살렘은 정치인들같이 중요한 사람들이 모여 살았던 곳이다. 그곳에서 해 뜰 때부터 해 질 때까지 하나님을 찬양하는 소리가 들렸다. 예언의 소리를 들은 것이다. 온 유대가 하나님을 찬양하며 경배하는 소리와 위대한 하나님의 음성을 들었다.

"이스라엘아 힘을 내라! 나는 너희의 하나님, 만군의 여호와다!"라고 하시는 하나님의 음성을 들으며 잠들고 깨어났다. 이것이 이스라엘의 힘이고 다윗의 능력이었다.

이스라엘의 종교개혁은 이를 회복하는 것이었다. 이스라엘의 7대 부흥이 모두 다윗의 때의 하나님의 식양을 회복하는 것, 곧 다윗의 장막을 회복하는 것이었다. 느헤미야는 성벽을 쌓고, 레위인들을 불러 모아 다시 찬양이 울려 퍼지게 하여 잃어버린 하나님의 목소리를 듣게 했다. 그것이 이스라엘의 모든 종교개혁자들의 목적이었다. 다윗이 꿈꾸었던 것이다.

이것이 한국의 모든 도시에 생긴다고 생각해보라. 지친 영혼들이 언제든지 갈 수 있고, 하나님의 목소리가 들리는 하나님의 집이 있다고 생각해보라. 그러면 한국과 열방이 살지 않겠는가!

다윗의 장막 안에 사도적인 리더로서의 왕이 있었고, 철저하게 왕의 관리 아래 선견자들이 있었다. 역대상 25장을 읽어보면 1절부터 8절에 다윗의 장막의 리더십 구조가 그려져 있다. 4천 명의 음악가와 찬양자들이 있고, 그 중에 288명의 예언적 찬양자가 있었다. 그들은 사실상 예언자들이었다.

그리고 그들을 관장하는 세 명의 선견자 아삽, 여두둔, 헤만이 있었다. 6절에 의도적으로 "아삽과 여두둔과 헤만은 왕의 지휘 아래 있었으니"라고 기록돼있다. 그들이 하나님의 대언자 역할을 할지라도 왕을 제어하지 않았다. 다윗의 장막은 가장 완벽한 모델을 가지고 있었다. 그 안에 모든 것이 있었다.

〈다윗의 장막 VS 모세의 성막〉

다윗의 장막(대상 16:37,38)	모세의 성막(대상 16:39,40)
• 24시간 멈추지 않는 예배 • 찬양과 예언적 경배 • 휘장이 존재하지 않음 • 뮤지션 중심의 레위인	• 아침과 저녁에 항상 희생과 제사 • 제물과 희생 • 휘장이 있고 법궤 없음 • 제사장들이 중심
선견자	대제사장

* 다윗의 장막 : 하늘이 땅으로 내려오는 원리
* 모세의 성막 : 땅이 하늘을 향해 올라가는 원리

함께 기도하기

→ 열방에 해 뜰 때부터 해 질 때까지 하나님을 노래하는 집을 세워주십시오. 영혼이 지친 자들, 살아갈 힘을 잃은 자들, 자살을 생각하는 자들이 찾아올 하나님의 집을 세워주십시오.

→ 열방이 여호와를 경외하게 해주십시오. 여호와의 노래가 울려 퍼지는 집이 도시마다 세워지게 해주십시오. 동서남북에 세워주십시오. 여호와여, 이 나라를 살려주십시오.

CHAPTER 8

성전과 성산의 원리

날마다 마음을 같이하여
성전에 모이기를 힘쓰고
집에서 떡을 떼며
기쁨과 순전한 마음으로
음식을 먹고

행 2:46

이사야 56장 7절, 역대하 6장 34,38절, 사도행전 2장 42-47절 등 기도의 집에 대한 성경구절들에는 항상 '성전'과 '성산', '이 도시'와 '내 집', '이 산'과 '내 이름을 둘 전'이 나타난다. 심지어 교회가 탄생한 신약성경에서도 '성전'과 각 '집'들이 등장한다.

이것은 기도의 집의 총체적 완성을 이해하는 데 아주 중요한 말씀들이며 계시들이다. 기도의 집이 교회이고 교회가 기도의 집임을 나타내는 중요한 말씀이다. 또한 우리가 교회와 교회로서의 기도의 집을 완성하는 데 중요한 이해를 준다.

위의 성경구절들은 하나님께서 구약에서부터 교회를 말씀하고 있었다는 것을 증거해준다. 성경은 창세기부터 요한계시록까지 교회론의 책이며, 예수님은 이 땅에 교회를 세우기 위해 오셨음을 선포한다.

마지막 때에 타작마당에 이르러서 기도의 집, 다윗의 장막을 회복시키시는 것이 결국은 교회의 영광과 온전함을 회복시키시는 예수님의 일이라고 선포한다. 성경은 '교회의 완성'이라는 주제로 요한계시록을 마무리하고 있다.

기도의 집의 이중구조

기도의 집은 이중적인 구조를 가지고 있다. 이것은 교회의 이중구조와 같다. 교회는 모이는 교회(센터 처치)와 흩어지는 교회가 있다. 담임목회자와 모든 성도가 함께 모이고 또 흩어져서 각각의 작은 교회로 존재한다.

집 교회, 가정 교회, 일터 교회, 영역 교회들이 흩어져 존재하는 작은 교회들이다. 모이는 교회란 담임목회자의 지도 아래 말씀의 가르침을 받고, 공동체 전체를 향한 성삼위 하나님의 음성에 순종하도록 울타리가 되어주는 공동체이다.

이것이 에베소서 2장 20-22절의 교회로서 사도와 선지자의 터 위에 서 있는 센터 처치이다. 사도적 리더십과 전체 공동체의 아비와 어미 그룹이 있는 중앙 교회이다. 이 중앙 교회, 사도적 센터 처치는 지붕 역할과 방향을 제시하고 하나님의 마음을 선포하는 선지자적 역할을 한다. 이런 많은 교회를 개척하고, 사람을 키우고 훈련시키고 파송하는 감독적 역할을 감당한다.

흩어지는 교회의 핵심은 가족 공동체를 완성하는 것이다. 이것은 에베소서 1장 20-23절에 표현된 교회이다. 만물 안에 존재하는 교회로 집 교회, 일터 교회, 가정 교회 같은 작은 단위의 셀 교회인데, 이 작은 교회는 훈련과 성장이 이루어지는 곳이며 교회의 가족 됨을 직접적으로 누리고 경험하는 곳이다. 작은 교회의 특징은 어느 장소에서나 존재할 수 있다는 것이다. 진실로 만물 안에 존재하는 교회이다.

작은 교회는 모이는 교회와 유기적으로 연결되어서 하나의 교회로 완성이 된다. 에베소서 4장 11-16절의 유기적 연합의 교회가 된다. 이것이 사도행전 이후의 교회, 마지막 때에 다시 회복되고 있는 교회의 구조이고 모습이다. 크지만 작은 교회, 작지만 결코 작지 않은 이중적 교회의 모습이 구약의 성전이 등장할 때마다 나타나고 있다. 교회의 이중구조는 만물 안에 있고 만물 위에도 존재하는 교회라고 하겠다!

기도의 집도 이렇게 이중적 교회의 구조를 이미 가지고 계시적으로 존재했다. 하나님은 교회로 말미암아 하늘의 뜻을 땅에서 성취하시기 때문에 교회를 세우신 것이다. 교회는 하늘의 왕국을 땅에 세우시는 하나님의 섭리이고 비밀이다.

이는 이제 교회로 말미암아 하늘에 있는 통치자들과 권세들에게 하나님의 각종 지혜를 알게 하려 하심이니 엡 3:10

교회는 하늘의 통치가 땅에서 이루어지도록 하는 신정적 통치

구조이며 사도적 총회요 센터이다. 기도의 집은 이것을 그대로 간직한 교회이다. 이것이 구약의 이스라엘의 구조이고, 성전의 구조이고, 다윗의 장막의 완성이다.

성전-멈추지 않는 기도의 집, 주님의 처소

성경에서 "내 집", "내 이름을 두리라 하신 성전", "주의 전"은 성전을 일컫는 말이다. 성전은 예수님이 거하시는 처소이며, 수많은 레위인들과 제사장들이 섬기는 곳이고, 끊이지 않는 예배와 기도, 제사가 진행되는 곳이다.

사람들이 섬기지만 성전은 사람들의 처소가 아니라 하나님의 처소이다. 성전은 24시간 멈추지 않는 기도의 예배가 진행되는 곳이며 모이는 교회와 같은 곳이다. 또한 사도와 선지자가 섬기는 곳이다.

성전은 에베소서 2장 20-22절의 교회를 상징하는 센터 처치이다. 구약시대에는 대제사장과 선지자와 왕이 함께 출입하던 곳이며 수천, 수백의 레위인들이 멈추지 않고 기도와 예배를 올려드리던 곳이다.

멈추지 않는 기도와 예배로 성전에는 하나님의 임재가 항상 존재한다. 찬양 속에 거하시는 거룩한 예수님의 처소이기 때문이다. 우리는 교회를 건물이라고 여기지 않는다. 또한 교회 건물을 성전이라고 하지 않는다. 그러나 분명히 성전에 거하시는 하나님의 임재와 영광을 볼 수 있고 느낄 수 있다.

창세기 3장에서 아담이 여호와의 거니시는 소리를 들었던 정원이자 처소인 집을 짓고자 한다. 하나님의 처소를 세우는 일이 바로 기도의 집을 세우는 것이다.

완성된 모델

성전은 다윗의 장막과 모세의 성막이 하나 되는 곳이다. 역대상 16장 37-40절에서 법궤와 성막이 분리되어있다가 솔로몬의 성전이 지어지면서 이 두 기능이 다 성전 안에 들어간다. 다윗의 장막은 하늘이 땅에 내려오는 원리이다. 시편 22편 3절에 "이스라엘의 찬송 중에 계시는 주여"라고 기록되어있다.

이스라엘의 찬양 소리, 예언적인 찬양자들(대상 25:1-7)과 선견자들을 통해 하늘의 뜻이 땅에 내려오는 방식이 다윗의 장막이다. 이는 사도적, 선지자적 기능이며 하나님의 나라가 내려오는 것이다. 하늘의 소리가 땅으로 내려오는 것, 하늘의 문이 열려서 하늘의 보좌가 땅에 거하도록 만드는 비밀이 다윗의 장막이다.

다윗은 거기서 하나님의 뜻을 물으며 전쟁을 하기도 하고 나라를 운영하며 하나님의 왕국을 세웠다. 모세의 성막은 피의 제사를 드리던 곳이다. 이것은 땅이 하늘로 나아가는 방식이고 원리이다. 죄인인 우리가 피를 힘입어서 하나님께 나아가는 방식이다.

이것은 우리의 왕 같은 제사장적인 위치와 기능을 의미한다. 중보의 기도를 뜻하기도 한다. 우리가 땅의 죄를 가지고 나아가는 것이다. 어린양의 피, 예수 그리스도를 힘입어서 하나님께 담대히 나아가는 것을 의미한다.

중요한 것은 솔로몬의 성전에 이 두 가지가 공존했다는 사실이다. 하늘이 땅에 내려오고, 땅이 하늘로 올라간다. 이 성전을 이사야는 '기도의 집'이라고 일컫는다. 또 예수님도 성전을 기도의 집이라고 선포하셨다. 그러므로 다윗의 장막과 모세의 성막보다 기도의 집이 더욱 완성된 개념이다. 교회는 벧엘이다.

성전은 예수님의 보좌가 있는 사도적 센터이다. 사도와 선지자들이 섬기는 곳, 하늘에서 이루어진 뜻이 임하는 곳, 동시에 예수님이 거하시는 처소이다. 하늘의 지혜와 계시와 일곱 영을 충만히 받아서 하나님의 뜻을 아는 자리요, 그분의 뜻이 임하는 자리이다.

성산-처소 기도의 집, 삶의 자리

성경에 "이 산", "이 도시"로 기록된 거룩하게 구별된 도시, 즉 예루살렘을 일컫는 말이 "성산"이다. 거룩히 구별된 산 모리아, 즉 예루살렘을 먼저 말씀하신다. 이 성산은 사람들의 삶의 터전이 있는 곳이다. 왕과 신하와 제사장들과 특별한 임무를 맡은 자들이 모여 살던 이스라엘의 수도이며 성전을 섬기는 자들의 삶의 터전이다.

기도의 집을 말할 때 항상 등장하는 '성산'은 우리의 삶의 자리로서, 위에서 얘기한 흩어지는 교회이다. 집, 가정, 일터에 임하는 하나님의 임재로, 삶의 현장을 말한다. 오벧에돔의 계시에서 보았듯이 삶의 자리에서 법궤를 모시는 처소 기도의 집이다.

오벧에돔의 집에서 법궤가 가족의 일원처럼 함께 있었듯이, 각자의 삶의 처소에 세워져야 할 기도의 집이다. 우리는 이것을 '처소 기도의 집'이라고도 하고 '처소 기도의 제단'이라고도 한다. 이것이 에베소서 1장의 "만물 안에 있는 교회"이다. 우리의 삶의 모든 터전에 세워지는 교회요 기도의 집이다.

이 처소 기도의 집은 꼭 24시간 동안 세워질 필요는 없다. 구별된 장소 곧 작은 방이나 거실, 일터, 공장과 사무실, 교실과 강당 어느 곳이든 예수님의 얼굴을 구하는 제단을 세울 수 있다.

악기와 음악이 없어도 말씀을 크게 읽고 말씀으로 기도할 수도 있고, 함께 모여 조용히 합심으로 기도할 수도 있고, 찬양을 중심으로 고백할 수도 있다. 중요한 것은 기도의 문화를, 예수님의 얼굴을 구하는 예배와 그분의 임재를 우리의 삶의 처소로 가져오는 것이다.

오벧에돔의 집에서 법궤가 그의 가족의 일원처럼 있었듯이 하나님의 임재를 우리의 삶의 모든 처소에 선포하는 것이다. 임재를 일주일에 한 번, 그분의 처소인 모이는 교회에서만 누리는 것이 아니라 우리의 삶의 처소에서 경험하는 것이다.

처소 기도의 제단

마지막 때에 우리의 교회는 초대형교회나 대형교회가 아니라 두세 명에서 십여 명가량 모이는 교회가 될 것이다. 혹은 가정 단위의 교회가 될 수도 있다. 종교적인 특정 건물이 아니라 모든 처소가 교회가 되는 시대가 다가오고 있다.

그러므로 우리는 대그룹으로서 예배에 승리할 뿐 아니라 소그룹으로서 승리하는 법을 훈련해야 한다. 개인적인 기도의 능력을 키워야 한다. 개인의 예배 능력을 개발해야 한다. 말씀으로 기도하기를 훈련해야 한다.

말씀을 큰 소리로 서너 번 읽으라. 그리고 마음을 울리는 말씀을 다시 붙잡고 기도하는 훈련을 하라. 성전의 예배에서 성산의 예배로 그 임재를 가지고 오는 훈련을 해야 할 시기이다.

처소 기도의 집은 24시간 기도하는 부르심은 아니다. 많은 사람들이 미국의 기도의 집에 다녀와서는 기도의 집의 소명을 받았다며 빈 상가나 분양이 안 된 빌딩에 기도의 집을 열겠다고 한다. 그런데 그 음성을 잘 들어야 한다. 하나님께서 주신 소명이 처소 기도의 집인지, 센터 기도의 집인지, 이미 세워져 있는 기도의 집을 협력하여 세우라는 것인지, 개척을 하여 기도의 집을 세우라는 것인지 분별해야 한다!

　우리는 우리의 믿음의 분량과 부르심의 자리와 그리스도의 몸의 위치대로 순종을 해야 할 것이다. 처소 기도의 집의 특징은 하나님의 뜻을 살아내는 데 있다. 하늘의 뜻이 성취되고 이루어지는 자리이다.

유다지파와 레위지파

　이스라엘 집의 왕위에 앉을 사람이 다윗에게 영원히 끊어지지 아니할 것이며… 레위 사람 제사장들도 끊어지지 아니하리라 렘 33:17,18

　하나님께서 성전과 성산을 통하여 예수님의 나라를 완성시키신다. 성전은 하나님의 뜻이 임하는 자리다. 24시간 멈추지 않는 예배와 기도, 예언적인 경배와 중보가 이루어지는 곳이다. 하나님의 뜻이 성취되는 곳이다. 성산은 살아내는 곳이다. 삶의 일부를 예배로 드리며 그 영역과 공간에 하나님의 법궤를 세우는 곳이다. 우리는 이중적인 기도의 집을 보았다. 하나님의 뜻이 임하며 이루어지는 자리이다.

　우리는 기도의 집의 입체적인 완성을 하나님나라의 완성으로 본다. 결국 기도의 집은 성산과 성전의 완성을 통해 하나님의 통치와 다스림이 풀어지는 곳이다. 이때 두 영역의 부르심이 있다. 성경에는 이스라엘의 지파 중에 영원히 사라지지 않을 두 지파를 말씀하셨다. 레위적 부르심과 유다적 부르심이다.

레위지파의 부르심

레위지파는 성전으로 부르심을 입은 자들이다. 이들은 하나님의 처소를 지키고, 수종 들며 법궤를 운반하도록 부르심을 받은 자들이다. 이들은 풀타임이나 파트타임으로 하나님의 일을 섬기는 자들이다. 뮤지션이거나 중보기도자이거나 말씀을 가르친다. 우리는 이들이 그리스도의 몸의 십분의 일이라고 생각한다.

우리는 더크로스처치 성도의 십분의 일이 풀타임으로 헌신하여 레위인과 국내외 선교사로 살아가는 것을 목표로 기도하며 훈련시키고 있다.

역대상 25장에 기록된 것처럼 288명의 예언적인 싱어들을 세우는 것이 목표이다. 이들은 분명한 부르심을 가진 자들이다. 예배자, 중보자, 말씀 전달자, 문 지키는 자, 성전을 돌보는 자 등 각각의 부르심을 받았다. 그 은사와 부르심대로 섬기게 될 것이다.

공교하게 훈련된 예배자들이 세워져야 하기에 지속적인 훈련이 중요하다. 이들의 세워짐과 질적 성장이 기도의 집의 실체이다. 다윗은 웃사의 죽음 이후에 레위인들을 회복시킴으로 다윗의 장막을 세우게 되었다.

유다지파의 부르심

두 번째로 예수님이 영원할 것이라고 약속하신 지파가 유다지파이다. 유다의 이름은 '찬양'이라는 뜻을 가지고 있다. 다윗은 유다지파였다. 그는 레위인보다 더 주의 집을 사모하는 자, 예배하기를 사모하는 자였다.

유다지파도 예배자로 부르심을 받았다. 이들은 예배를 섬기는 예배자가 아니라 예배를 드림으로 영광을 나타내야 할 예배자이다. 이들은 용사이고, 하나님의 나라를 경영하는 자들이다. 성전에 자주 오고 그곳에 거하길 사모하나 성전에 사는 자들이 아니다. 전쟁과 정치와 비즈니스를 해야 한다. 그들의 가장 큰 부르심은 레위지파를 먹이고 지키고 세우고 보살핌으로 하나님의 집이 멈추지 않도록 하는 데 있다.

레위지파를 세우고 공급하면서 하나님이 거하실 처소를 지켜드리는 것이다. 하나님께서 이들에게 권세와 능력을 공급하신다. 이들은 삶의 처소에서 단을 쌓고 하나님의 전을 사모함으로 주를 앙망하며 성산에 하나님의 뜻이 이루어지도록 하는 자들이다. 성산에 하나님나라를 세우는 왕권을 받을 자들이다.

기도의 집 중보선교사와 셀그룹 목자

우리 교회에서는 레위지파와 유다지파, 이 두 그룹이 가장 중요하다. 성전과 성산을 섬기는 자들이기 때문이다. 레위인들, 즉 중보기도 선교사들은 하나님의 임재와 법궤를 운반하는 자들로서 우리의 심장을 지키는 자들이다. 이들의 헌신으로 성전에 하나님의 임재가 끊이지 않는다.

그리하여 많은 유다지파들이 하나님의 계시와 영광과 임재로 세상을 이기는 지혜와 계시와 영적인 힘을 받는다. 하나님의 뜻을 자신들의 삶의 처소에서 이루어간다. 결국 이들은 승리하게 되고, 그것이 레위인들을 돕고 일으키는 일에 환원된다.

셀 목자들도 중요한 사역자들이다. 성산을 섬기는 자들로 일터 교회 목자, 셀그룹 목자, 마을 목자들이다. 이들은 성산에서의 치열한 싸움을 이끌며 많은 유다지파들을 훈련시키고 양육한다. 또한 성전에서 수시로 성도들을 위해 중보하고 능력을 받아 하나님의 뜻이 성산에서 성취되게 한다.

우리는 기도의 집을 성산과 성전의 이중구조로 이해하고 있다. 교회의 이중구조를 실행함과 동시에 기도의 집으로서의 레위적 부르심과 세상을 변화시키고 섬겨야 하는 유다지파적 부르심을 균형 있고 상호 보완적으로 실천해가고 있다. 기도의 집으로서의 교회, 교회로서의 기도의 집이 함께 성장하고 있다.

우리 교회는 철저하게 셀 교회이며 기도 중심의 기도의 집이다. 그리고 기도의 집 중심으로 선교하는 선교 베이스이다. 이것이 우리 기도의 집의 삼중적 정체성이다.

함께 기도하기

→• 모든 도시마다 주님이 머무시고 거하시는 성전이, 언제
나 누구든지 들어가서 기도할 수 있는 기도의 집이 열리
게 하소서. 또한 그곳이 기도가 되는 곳이 되게 하소서.

→• 24시간 멈추지 않는 기도의 집과 유기적으로 연결되어
기도의 영으로 충만한 성산, 모든 일터와 영역과 가정에
기도의 제단이 세워지게 하소서. 하나님나라가 성전에서
성산으로 확장되어 그 나라가 이루어지게 하소서.

→• 성산과 성전을 섬기는 레위지파와 유다지파가 함께 일
어나게 하소서. 성전을 섬기는 레위인의 쉬지 않는 기
도와 예배로 하늘의 뜻을 땅에 풀어놓게 하소서. 그 하
늘의 뜻을 성산으로 가져가 하나님의 뜻이 이루어져 하
나님나라를 이 땅에 세우는 일이 실행되게 하소서.

CHAPTER 9

기도의 집,
교회의
본질 회복

이는 곧 선지자 요엘을 통하여 말씀하신 것이니 일렀으되
하나님이 말씀하시기를 말세에
내가 내 영을 모든 육체에 부어 주리니
너희의 자녀들은 예언할 것이요
너희의 젊은이들은 환상을 보고
너희의 늙은이들은 꿈을 꾸리라

행 2:16.17

첫 계명을 첫 자리로

웃사의 죽음으로 다윗은 법궤를 메어오는 법을 깨닫게 된다. 하나님께서 법궤를 운반하는 방식을 이미 주셨다는 사실을 떠올린다. 기도의 집은 단순한 예배의 열정의 산물이 아니고 하나님의 계시가 회복되는 곳이다.

기도의 집에서는 잃어버렸던 말씀들이 읽혀지고 깨어난다. 요한계시록, 아가서가 풀려야 하고 산상수훈이 열려야 한다. 기도의 집 운동은 마태복음 22장 34-40절에서 예수님이 말씀하신 크고 첫째 되는 계명을 우리의 사역과 삶의 첫자리로 회복하는 운동이다. 우리에게는 대위임령인 마태복음 28장 이전에 하나님이 주신 첫 번째 계명 곧 대계명이 있다.

이 땅의 많은 교회들이 마태복음 28장의 대사명을 외쳤다. 그렇다. 우리는 열방으로 가야 한다. 그런데 선교를 외쳤던 나라들이 어느 순간에 오히려 선교지로 변하는 일들이 일어나고 있다. 영국, 독일, 호주에서 한국의 선교사들을 보내달라고 요청하고 있다. 황폐한 도시들이 되어가고 있다. 왜 그럴까? 대사명을 외쳤는데 놓친 것이 있다. 대사명 이전에 대계명을 놓친 것이다. 크고 첫 번째 되는 계명을 회복해야 한다.

"네 마음을 다하고 목숨을 다하고 뜻을 다하여 주 너의 하나님을 사랑하라"(마 22:37).

예수님과 관계가 깨진 모든 것은 종교일 뿐이다. 우리는 생명을 나눈다. 그 생명은 예수님을 향한 불같은 사랑으로부터 온다. 기도의 집은 첫 계명을 회복하는 운동이다. 마태복음 22장의 첫 계명이 어디에서 왔는가? 이것은 신명기 6장 4절 이하의 율법으로부터 왔다. 이것이 모든 계명의 뿌리이며, 모세오경이다. 첫 계명, 대계명이 교회들 안에 풀어지기를 축원한다.

기도의 집이 무엇인가? 우리는 24시간 기도와 예배에 목숨을 걸지 말아야 한다. 그것은 언젠가 열리게 되면 하는 것이다. 우리가 먼저 목숨을 걸어야 하는 것은 24시간이 아니고, 예수님을 사랑하는 것이다. 그분을 갈망하는 것이다. 예수님을 갈망하는 자들이 매일 그분과 사랑의 무한한 대화인 기도를 하고 싶어서 이어지는 것이다. 다윗이 그것을 회복했다.

그는 이방인의 방법이 아닌 모세의 방법을 선택했다. 소달구지에, 새 수레에 신상을 운반하는 것은 전형적인 이방인들의 방식이었다. 웃사가 죽는 사건이 한 사람의 광신적 예배자를 진정한 열정의 예배자로 바로 잡았다.

성령으로 대계명이 회복되기를 축원한다. 우리 안에 예수님을 사랑하는 불같은 사랑이 풀어지길 축원한다. 왜 우리는 아가서를 읽는가? 왜 다윗의 장막에서 아가서를 읽는가? 430년 동안의 생지옥 같던 애굽 노예생활에서 해방시켜주신 유월절이 하나님의 사랑의 확증이요(신 4:37, 7:8,9), 예수님이 유월절 어린양으로서 십자가에 죽으심이 우리를 향한 하나님의 사랑의 최고 확증이기 때문이다(롬 5:8). 이것이 첫 계명이며 대계명이다.

기도의 집은 말씀의 집이다. 기도의 집은 이 계명을 읽고 묵상하며 지키고, 그것을 기도와 예배로 태워 예수님께 올려드린다. 다윗이 다윗의 장막을 시도하게 된 동기가 시편 27편에 나온다. 그의 한 가지 소원, 유일한 기도제목은 "내 평생에 여호와의 집에 살면서 여호와의 아름다움을 바라보며 그의 성전에서 사모하는 그것"(4절)이었다.

그 한 가지가 기도의 집, 다윗의 장막의 전부이다. 다윗은 그것을 회복했다. 그래서 레위인을 불러 모았다. 레위인은 말씀을 전하고 보전하며, 노래하고 연주하며 예배하는 자들이다.

다윗은 1차 법궤의 운반은 실패했으나, 웃사의 죽음으로 인해 하나님께서 모세를 통해 주신 레위의 언약과 법궤의 식양과 운반의 진리들을 회복한다. 이것은 이스라엘이 사울 왕 때에 잃어버렸던 여호와의 말씀을 되찾은 사건이다.

테힐라와 테필라, 영적전쟁의 무기

기도의 집의 기도의 중요한 한 형태가 하프 앤드 볼(Harp and Bowl, 계 5:8)이다. '하프'(거문고)는 음악적인 요소로서 찬양과 경배를 상징하고, '볼'(대접)은 본문이 밝히는 그대로 성도의 기도를 뜻한다.

왜 우리는 이것을 적용하고 있는가? 그 이유들 중에 아주 중요한 원리가 있다. 시편 149편 6절의 "성도의 수중에 있는 두 날 가진 검", 이것이 하프 앤드 볼이다.

우리는 테힐라(찬양)와 테필라(기도)를 다 써야 한다. 어떤 때는 노래하지만 이는 기도하는 것이다. 어떤 때는 예언적인 말로 사탄을 공격하고, 어떤 때는 예언적 말로 사탄에게 반격한다. 테힐라와 테필라가 동시에 움직여 성도의 수중에 양 날 가진 검이 된다.

교회가 합심하여 하프 앤드 볼을 할 때, 엄청난 검이 이 도시의 어둠들을 자를 수 있다. 전심으로 우리가 기도할 때, 기도의 집에서 전심으로 하늘을 향해 공격할 때, 이 도시의 어둠과 하늘이 갈라진다. 이사야 64장처럼 하나님이 하늘을 가르고 강림하시는 일이 일어난다(1절).

우리가 기도하는 것은 우리끼리 하는 것이 아니다. 하늘에 우리의 푸념을 공명하는 것이 아니다. 때로 우리가 기도하는 현장에 어둠의 영이 찾아올 때가 있다. 나는 강한 장수와 같은 영을 만나기도 하고, 시편 말씀대로 군대가 둘러 진 치는 것을 경험하기도 하고, 다양한 종류의 어둠과 만나기도 한다. 기도는 그런 싸움에서 어둠을 패대기치는 것이다. 어둠의 목을 꺾고, 머리를 박살내는 것이다.

우리에게 그런 권세가 있는 것을 믿는가? 어두운 영들은 우리의 밥이다. 민수기 14장 9절의 말씀은 사실이다. 그들은 우리의 밥이다. 우리의 먹이다. 하나님께서 붙여주셔야 우리는 그것을 먹을 수 있다.

영적전쟁에는 원리가 있다. 우리의 기도는 싸움이다. 에베소서 6장 12절의 말씀이 그것을 나타낸다. 예수님은 기도를 싸움처럼 하셨다. 때로 우리는 하나님과 친밀감을 누리고 그분의 임재 속에서 평안을 누리는 기도를 할 수 있다. 또 주기도문의 순서를 기억하여 아버지의 이름이 거룩히 여김 받으시도록 그분을 높이고, 묵상하고, 누리는 기도를 할 수 있다.

그러나 전쟁의 기도 역시 필요하다. 그분의 나라가 이 땅에 임할 때, 하늘에서 이룬 뜻을 땅에 이루게 할 때 이 땅의 불법의 종자들과 충돌한다. 예수님의 기도를 보라. 때로는 고요한 곳에서, 때로는 새벽 미명에 하나님과 친밀한 시간을 가지셨다.

그러나 마태복음 4장에 기록된 광야에서의 40일 기도는 아담이 패배한 싸움을 다시 싸우시는 기도였다. 두 번째 아담으로 오신 예수님이 아담을 패배시켰던 사탄과 치열하게 싸우시고 이기셨다. 그리고 인생의 마지막 순간, 골고다 언덕에서 인류의 구원과 제자들의 구원을 놓고 싸우셨다.

기도를 돕는 영 곧 기도를 돕는 하나님의 군대를 다니엘과 야곱이 경험했다. 그리고 예수님도 하늘의 큰 전쟁을 앞두고 천사가 내려와 돕는 경험을 하셨다. 누가복음 22장 44절은 우리에게 중요한 교훈을 준다. 기도는 씨름이며 영적전쟁이다. "주시옵소서" 차원으로 비는 것이 아니다. 기도는 선포하는 것이다.

또한 기도는 열쇠를 돌리는 것이다. 열쇠를 들고서 자물쇠 앞에서 문을 열어달라고 비는 사람은 없다. 그것은 사용하는 원리가 있다. 기도의 집에 다윗의 열쇠를 돌리는 것에 대한 많은 비밀들이 있다.

기도로 연합하여 다윗의 열쇠를 돌리는 열방의 교회들

태국은 나라 곳곳에 절이 있다. 그래서 그곳에 가면 절에 들어간 것 같은 느낌이 든다. 선교 역사가 200여 년인데, 단 한 번도 기독교를 핍박한 적이 없다. 오히려 태국의 왕들은 몇몇 선교사들과 아주 친하게 지냈다. 태국의 왕과 선교사가 친하게 지낸 실화를 다룬 〈애나 앤드 킹〉이라는 영화도 있다. 그럼에도 일본처럼 기독교인이 1퍼센트도 안 된다.

그런데 요즘 태국에 성도가 1천 명이 넘는 교회들이 일어나고 있다. 이 교회들이 수십 개씩 교회들을 개척한다. 그 중에 기도의 집이 일어나고 있다. 하나님이 열방에 이 일을 일으키고 계신다.

교회는 위대한 공동체이다. 역사는 교회에 달려있다. 이 땅의 교회가 어떻게 준비되는가에 이 땅의 미래가 달려있다. 그래서 교회는 지도자들을 위해서 기도해야 한다. 이 나라가 예수님의 통치 가운데 있게 하라.

마태복음 8장에서 예수님이 바람과 풍랑을 꾸짖으신다. 제자들이 "이는 누구이기에 바람과 풍랑조차 잠잠케 하는가" 하고 고백한다. 그분이 하나님의 아들이시고 만물을 붙잡고 계시는 분이기 때문이다.

이제 교회는 다윗의 열쇠를 써야 한다. 밤낮으로 기도할 때 단순히 하나님께 사정하지 말고 예수님이 십자가에서 이루신 일을 선포하라. 우리는 십자가가 원수의 머리를 박살낸 것을 사용하여 기도해야 한다. 모든 귀신들이 예수님의 이름 앞에 아무것도 아닌 것을 알기를 바란다.

하나님의 아들이 된다는 이 위대한 말은 무슨 뜻인가? 왕 옆에 가서 내가 왕의 자녀라고 하는 것과 마찬가지다. 진짜 하나님의 자녀인가? 그러면 우리는 이미 평범한 사람들이 아니다.

하나님의 자녀들, 왕의 자녀들이 모인 곳이 교회이다. 위대한 왕의 자녀들이 모인 곳이다. 그래서 교회는 왕의 열쇠를 가지고 있다. 교회가 묶으면 하늘에서 묶이고, 교회에서 풀면 하늘에서 풀린다. 이 믿음이 있는가? 교회는 세상을 바꿀 수 있다. 예수님이 왕이시다. 그분이 정치가들을 붙드시게 하라. 그들이 하나님의 권세에 붙들리도록 기도하라.

연합할 때 나타나는 교회의 권세

오벧에돔 족속이 일어나 이 나라를 새롭게 일으키게 하라. 그래서 다윗의 장막이 일어나 온 나라가 하나님을 찬양하게 하라. '오벧'('섬기는 자'라는 뜻)이라는 하나님의 임재와 '에돔'이라는 이방인이 만나게 하라. 수많은 절과 우상과 죄악에 들어가는 재정이 하나님께 돌아오게 하라. 이제 다윗의 열쇠를 돌리라.

많은 사람이 모여야 위대한 것이 아니다. 다윗의 열쇠를 쓰는 교회가 위대하다. 두세 사람이 모여도 그것을 사용한다면 위대한 공동체다. 성경은 "두세 사람이 내 이름으로 모인 곳에는 나도 그들 중에 있느니라"(마 18:20)라고 하신다. 그들이 땅에서 풀면 하늘에서 풀린다. 이것이 교회의 권세이고 다윗의 열쇠를 쓰는 것이다.

하나님께 그 땅을 관장하도록 부르심을 받은 교회들이여, 선포하라. 누가 도시의 하늘의 문을 열 권세를 받았는가? 절이나

우상이 아니다. 교회이다. 교회가 연합할 때 그 도시에 부흥이
온다.

시편 133편은 "보라 형제가 연합하여 동거함이 어찌 그리 선하
고 아름다운고 머리에 있는 보배로운 기름이 수염 곧 아론의 수
염에 흘러서 그의 옷깃까지 내림 같고 헐몬의 이슬이 시온의 산들
에 내림 같도다 거기서 여호와께서 복을 명령하셨나니 곧 영생이
로다"라고 선포한다.

이 축복의 전제가 '형제가 연합함'에 있다. 연합하고 동거하는
그곳에 복과 영생이 있다. 우리는 서로 조금 다를 수 있고, 받은
은혜가 다를 수 있다. 다른 것을 틀리다고 말하면 안 된다. 함께
연합해야 한다.

교회의 권세는 연합할 때 나타난다. 사람의 눈에는 좋아 보이
고 화려해 보이지만 연합을 깨는 사람들이 있다. 그들을 주의하
라. 교회는 예수 그리스도의 머리 되심을 따라 하나 되어야 한
다. 예배 스타일이 독특하다고 비방하는 무리들을 만나거든 그
들을 축복하라. 그들과 싸우는 것은 사탄이 원하는 행동이다.

우리는 하나이다. 하나의 영적 가족이다. 성령님이 이미 하나
되게 하신 것을 힘써 지킬 수 있기를 바란다(엡 4:3). 나와 다른
자들을 인내하며 하나 되기를 힘써라. 사탄이 이 땅의 교회의 힘
을 빼기 위해 연합을 깨곤 한다. 그래서 마태복음 18장 20절, 시
편 133편, 요한복음 17장의 예수님의 유언적 기도에서 연합에 대

해 강조하시는 것이다.

삼위일체 하나님의 진리 안에서 이를 배울 수 있다. 우리가 연합할 때 하나님나라가 온전히 이 땅에 풀어진다. 예수님의 유언을 잊지 마라. 당신이 예수님을 사랑한다면 그분이 우리를 향해 "너희가 하나 되라. 화목하라"라고 말씀하신 것을 마음에 품게 될 것이다.

전 지구적 교회의 연합과 단장

예수님이 기도의 집들을 열방에서 연결하고 계신다. 열방이 봉화같이 연결되고 있다. 놀라운 일이다. 우리를 한 가족이 되게 하신다. 온 열방에 하나님의 성령이 부어질 수 있는 열쇠를 준비하고 계신다. 우리는 '기도와 예배'라는 주제로 하나 되고 있다.

조건 없이 그분의 얼굴을 구하는 것만으로 하나 되고 있다. 이것은 단순히 이슈의 연합이나 네트워크가 아니다. 하나님이 교회를 하나 되게 하신다. 전 세계의 다윗의 열쇠를 돌리려고 하신다. 전 지구의 하늘 문이 열릴 것이다. "내가 내 영을 모든 육체에게 부어주리니"라고 하신 약속이 이루어질 것이다(행 2:17).

이 일은 아직 한 번도 이루어지지 않았다. 사도행전 2장에 부어진 성령의 역사는 아주 작은 공간에서 일어난 일에 불과하다. 아무리 크게 봐도 지중해 연안의 극히 일부에 지나지 않는다. 그러나 이제 하나님이 전 지구적 하늘 문을 열어 그분의 영을 붓는 날이 올 것이다. 모든 육체에 성령이 부어질 것이다. 이것이 기도의 집 운동이고 봉화들이 연결되는 이유이다.

언어가 통하지 않아도, 얼굴이 서로 달라도 우리는 그리스도 안에서 하나의 가족이다. 이때 다윗의 열쇠가 돌아간다. 교회가 연합할 때 도시의 하늘 문이 열린다. "이 도시, 이 나라가 하나님의 것이다!"라고 선포할 때 우리는 크게 기뻐하게 될 것이다.

다윗의 장막은 하나를 만드는 것이다. 이방인과 유대인이 하나 되고, 하나님과 우리가 하나 되어 하나님나라가 임하는 것이다. 왕의 권세와 통치와 다스림이 오는 것이다. 기도의 집은 교회의 본질을 회복시키는 것이다. 하나님이 마지막 때에 교회와 신부를 단장시키는 일을 시작하고 계신다.

우리는 영광스런 교회의 모습을 보게 될 것이다. 어둠이 우리를 공격해 오고, 하나님이 가까이 오심으로 역동적 시간들을 지나가게 될 것이지만 교회는 더 영광스럽고, 아름다워질 것이다. 하나님의 본질적 교회는 더 드러나며, 신부의 모습을 보고 신랑 되신 예수님의 가슴이 더 불타오를 것이다. 그래서 더 급히 이 땅에 임하시게 될 것이다.

교회는 예수님의 신부이다. 왜 다윗의 장막에 부(富)가 오는가? 왜 오벧에돔의 족속이 일어나는가? 교회가 신부가 되기 때문이다. 신부와 음녀의 차이는 단 하나이다. 요한계시록 18장에 음녀의 특징이 나와있다. 바로 사고 파는 자본주의 사회이다. 이것을 바벨론, 음녀라고 말한다.

음녀가 웃음을 팔고, 몸을 팔고, 모든 것을 주는 것은 다른 목적이 있기 때문이다. 신부가 신랑에게 자기 자신을 주는 것은 단 하나의 이유 때문이다. 사랑하기 때문이다. 아무 이유가 없다. 사랑 때문에 모든 것을 준다.

그러나 신부는 조건이 없다. 주를 바라기에 조건이 없는 것, 원 띵 스피릿(Onething Spirit), 즉 다윗의 영성이다. 신부가 되지 않았는데 부의 이동을 구하는 것은 음녀가 하는 일이다. 그들은 저주를 받는다. 다윗의 장막 안에서 부의 이동이 와야 한다. 우리는 부와 성공이 목적이 아니다.

다윗의 시편 27편 4절의 기도가 무엇인가?

"내가 여호와께 오직 한 가지를 구합니다. 내가 언제 왕이 되기를 구했습니까? 명예를 달라고 했습니까? 정치를 하겠다고 했습니까? 여호와 당신을 구한 것입니다."

이 시대에 이런 사람들이 필요하다. 그는 그가 속한 곳을 예수께 돌아오게 할 것이다. 하나님은 오직 그분만을 구하는 자를 찾고 계신다. "나는 모든 것을 가졌다. 나는 사람을 찾는다"라고 하신다.

하나님이 온 땅을 보시고 다윗을 찾으셨다. 온 예루살렘을 두루 살펴보시다가 마음이 정직한 그를 보셨다. 유명한 장소도 아닌 베들레헴 골짜기에서 양 몇 마리에 목숨 걸고 있던 한 사람, 예배하며 행복해하던 다윗을 보면서 붙들어 일으키기로 작정하셨다.

사울과 블레셋과 사탄이 방해했지만 아무도 막을 수 없었다. 다윗은 일어났고, 다윗의 장막을 세웠다. 하나님만 갈망하던 그를 왕으로 만들었더니 온 나라가 33년 동안 멈추지 않는 예배를 드리게 되었다. 이것이 기도의 집을 향한 하나님의 메시지이다. 이제 다윗들이 일어나기 바란다. 나이나 세대는 상관없다.

새 영을 받은 자들이 있다. 사도행전 2장 16,17절에 새로운 세대(New Generation)에 대한 말씀이 있다. 이것은 나이에 대한 것이 아니다. 하나님은 새 영을 노인과 청년, 아이들에게 부어주실 것이다. 20대여도 늙은 영성을 가지고 있는 이들이 있는가 하면 70, 80대의 어른이 새로운 영을 받아 총명할 수도 있다.

새로운 세대는 새 영을 받은 세대를 의미한다. 이것은 문화의 문제가 아니라 영의 문제이다. 새 영이 임하기를 바란다. 성령으로 꿈을 꾸기 바란다. 갈렙은 85세에 "헤브론을 내게 주십시오"라고 고백했다. 가장 견고한 성읍들이 있는 땅을 요청했다. 성령으로 꿈을 꾸는 자에게는 가능하다. 나이와 상관없이 새 영으로 하나의 세대가 된다. 이것이 다윗의 장막이다.

24시간 기도 운동을 위한 조언

24시간 기도 운동을 하면서 잊지 말아야 할 것이 있다. 전 세계적으로 일어나고 있는 기도의 운동은 예수님의 오심이 가까운 징표이고 현상이다! 어디에도 모델이 없고, 오직 성령의 음성을 따라 순종하는 교회들의 모습이다. 기도의 집은 기도하는 교회 그 이상이다. 그래서 실수와 오해와 시행착오가 많다.

법궤 신드롬

법궤만 모셔오면 된다는 생각이다. 그래서 웃사가 죽었다. 가인의 제사가 거절당했다. 오늘날 우리의 큰 문제는 혼합주의와 구분을 못하는 것이다. 그래서 너무나 많은 영적인 웃사와 가인들이 생겨났다.

수많은 헌신과 예배를 드리는데 오히려 죽음의 길로 가는 무서운 결과를 가져오기도 한다. 이미 하나님께서는 모세를 통해 법궤를 메어서 옮기라고 분명히 알려주셨다. 우리 방식이 아닌 하나님의 방식이다. 그러므로 모든 예배와 헌신은 철저하게 말씀의 기초 위에 세워져야 한다.

웃사의 방식은 편의주의적, 세속적인 방식이고 바벨론의 방식이다. 그래서 웃사의 죽음은 의미하는 바가 크다. 다윗은 그것을 통해 말씀과 계시, 계명을 회복했다. 모든 토라와 율법의 결론인 첫 계명이 회복되기를 축원한다. 모세의 식양 즉 하나님의 말씀에 입각한 기도의 집이 되어야 한다.

기도의 집은 다른 말로 '말씀의 집'이다. 말씀이 여러분의 입에 달게 되기를 축원한다. 모든 사역과 신앙은 내 소견에 옳은 대로가 아니라 철저히 말씀에 근거해야 한다. 웃사와 실패를 경험한 다윗의 법궤 신드롬에서 깨어나기를 축원한다.

24시간 신드롬

우리는 현재 멈추지 않는 연속 24/7을 8년째 하고 있다. 그런데 여기에는 중요한 가치가 있다. 우리가 24시간에 집중할 때는 이 일이 불가능해 보였다. 그런데 기도의 집이 시간이 아니라 예수님과의 관계이고 사랑이며, 첫 계명이고 기도의 부르심이 되니 사람들이 자원하고 헌신하여 24시간이 되기 시작했다.

나는 2011년에 IHOP에 다녀온 이후에 '24시간'이 목적이 아니라는 본질을 깨닫게 되었다. 물론 다윗의 장막의 예배는 멈추거나 끊어지지 않고 "항상" 드리는 예배였고, 그 모델이 되는 천상의 예배도 24시간 이어졌다. 그것이 언젠가 도시와 나라와 교회마다 이루어지길 바란다.

세상의 문화도 24/7이 넘쳐나는데 하나님을 예배하는 것이 그보다 덜해야 하는 가치일 리 없다. 그러나 그것이 우리의 신드롬이 되어서는 안 된다. 나는 '첫 계명'이 기도의 집의 본질인 것을 깨달았다. 예수님과 나누는 불같은 사랑이 핵심인 줄 알게 되었다. 아가서 8장 6-8절의 성취이고, 시편 27편 4절의 다윗의 영이 중요한 것을 알게 되었다.

그래서 제자들에게 여유를 주기 시작했다. 첫 계명과 아가서를 배우기 시작했다. 그러자 말씀이 우리에게서 불이 되기 시작했다. 지금은 내가 해외에 다녀도 스태프들이 스스로 24시간을 지키기 위해 자신의 젊음을 태우고 있다.

우리 교회에는 훌륭한 음악인들이 있다. 그들이 레슨을 하면 많은 재정을 얻고 즐거움과 명성을 얻을 수 있다. 그렇지만 오직 하나님께 자신의 재능을 드리고 있다. 명예도 얻을 수 있지만 다 내려놓고 예배하고 있다. 우리의 목적은 24시간을 지키는 것이 아니라 하나님 한 분만을 구하는 예배자들을 일으키는 것이다.

첫 계명, 가장 높은 부르심

유명한 사람들 중에 세 종류의 사람이 있다. 먼저 돈으로 움직일 수 있는 사람이 있다. 그보다 급수가 좀 더 높은 사람들은 돈으로 안 움직인다. 그들은 관계나 명예로 움직인다. 그보다 더 높은 사람이 있다. 진짜 고수들이다. 그 영역에서 최고인데도 안 움직인다. 그들을 움직이는 것은 '가치'이며 '비전'이다. 그들이 일류 인생이다.

기도의 집의 레위인들은 초일류의 삶을 사는 자들이다. 다윗의 장막에서 예배하는 자들은 그런 인생을 살고 있다. 가장 즐겁고 위대한 일을 하고 있다. 첫 계명에 가치를 두고 산다. 가장 높은 부르심에 응답하는 삶이다. 예수님이 주님 되시도록 하는 부르심이다. "마음을 다하고 뜻을 다하고 목숨을 다하여 주 너의 하나님을 사랑하라"고 하는 위대한 부르심이다.

우리 교회에 부르심이 있는 자들이 모이고 있다. 우리는 가장 높은 부르심을 사수하며 살 것이다. 이것이 교회이다. 교회는 첫 계명을 지켜야 한다. 첫 계명을 교회의 모든 것 위에 첫 자리로 돌리는 것이다. 기도의 집은 그것을 회복하는 일을 하고 있다.

예배의 재료가 무엇인가? 요한계시록 8장에는 "향연"이라는 단어가 나온다. 요한계시록 5장 8절과 8장 1-5절에 기록된 "향이 가득한 그릇"에 주목하라. 이 말은 우리가 예수님이 받으실 만한 예물로 드려지고 있다는 뜻이다.

기도의 집은 가장 위대한 부르심이다. 우리는 대사명을 외치기 이전에 대계명을 회복해야 한다. 첫 계명을 잃어버리면 아무것도 아닌 것이다. 요한계시록의 일곱 교회 중 첫 번째 교회, 가장 위대했던 교회, 모든 것을 갖추었던 에베소교회를 책망하신다. 첫 사랑을 잃어버렸기 때문이다. 모든 것이 있지만 사랑이 없기 때문에 책망을 받았다.

기도의 집은 첫 계명을 회복하는 일이다. 그래야 대사명을 완성하게 된다. 하나님과의 사랑이 날마다 부어지길 축원한다. 그것이 주기도문 11절의 기도이다.

'매일 새로운 하늘의 만나를 주십시오.'

기도의 집은 교회를 세우는 일이다. 예수님이 거하실 새로운 처소이며 성전이다. 기도의 집은 단순히 찬양 운동이나 기도 운동을 넘어 교회, 예수님의 교회를 세우기 원한다.

기도의 집은 단순히 음악과 기도로만 이루어지는 예배의 집이 아니다. 그것은 교회이고 교회의 본질이 회복되어 예수님의 처소, 즉 예수님의 안식처를 만드는 것이다. 그래서 기도의 집의 표면적인 예배와 기도의 진정한 에너지는 종합적이고 복합적인 요소들의 표출이라고 할 수 있다.

먼저, 기초는 교회론이다. 기도의 집의 기초이며 반석의 역할을 하는 것이 교회에 대한 이해이다. 이것은 이 책의 1부의 내용이다. 그 다음은 다섯 개의 기둥과 지붕으로 이어진다.

〈기도의 집 다이어그램〉

첫 번째 기둥은 첫 계명의 회복으로 토라, 즉 말씀의 회복을 의미한다. 그래서 기도의 집의 기도의 핵심이 '말씀으로 기도하기'이다. 잃어버렸던 많은 말씀들이 회복되어 적용되고, 그 말씀이 기도의 힘의 근원이 된다.

두 번째 기둥은 친밀감이다. 이것은 아가서를 의미하는데, 하나님과 연인처럼 사랑에 빠지는 삶을 뜻한다. 하나님을 불같이 사랑함으로 그분을 예배하며 어떤 환란도 꺾지 못하는 엄청난 사랑의 불이 교회에 임하는 것이다. 그래서 기도의 집으로서의 교회는 교회의 신부 단장을 의미한다.

세 번째 기둥은 이스라엘이다. 이스라엘의 회복과 부흥은 교회의 완성을 위한 기도이다. 원 뉴맨의 성취가 일어나는 원리이다. 다윗의 장막과 기도의 집과 관련된 성경을 보면 이방인과 함께 예배할 것이라고 말씀한다. 이것이 교회의 완성과 관계가 있다.

네 번째 기둥은 마지막 때에 대한 메시지이다. 교회는 마지막 때의 파수꾼이며 군대로 부르심을 받았다. 그러기에 훈련되어야 하며 외치는 자의 소리로서 깨어있어야 한다. 교회가 신부가 되는 것이 마지막 때의 교회의 정체성이다.

다섯 번째 기둥은 기도와 예배다. 주님의 오실 길을 준비하는 가장 중심이 되는 사역이다. 또한 앞의 기둥들을 종합하여 풀어내는 실재와도 같다. 그것이 하나님나라의 통로이기 때문이다.

마지막으로 지붕은 산상수훈이다. 이것은 기도의 집을 섬기며 주님의 오심을 준비하는 선교사들과 사역자들의 삶을 말한다. 우리는 이들을 '레위인'이라고 부른다. 이들의 삶의 반석이 산상수훈이다. 이것이 주님만을 갈망하는 광야의 삶을 열어준다.

기도의 집을 세운다는 것은 위의 내용들을 기초로 살아내며 씨름하고 노래를 부르며 주님의 거하시는 처소(엡 2:20-23)를 지어가는 위대한 건축이다.

기도의 **집**을
시작하려면

신드롬을 피하라

기도의 집을 하고자 하는 분들을 위해 몇 가지 실제적 지침을
나누고자 한다. 우리는 교회와 기도의 집이 하나라고 믿고, 교회
의 본질적인 회복 중에 하나가 기도의 집으로서의 회복이라고 믿
는다.

이것은 기도의 집을 하는 데 매우 중요한 가치다. 앞에서 언급
한 것처럼 몇 가지 신드롬을 피해야 한다. 본질이 아닌 것을 본질
처럼 주장하는 불필요한 소모를 피하라. 무엇보다 24시 신드롬
과 법궤 신드롬을 주의하라.

왜 해야 하는가

'기도의 집을 왜 하려는가'에 대한 분명한 동기부여가 필요하다. 그리고 기도의 집이 무엇인지를 분명히 이해해야 한다. 우리가 기도의 집을 지금까지 운영할 수 있었던 것은 전적으로 하나님의 은혜이다. 우리는 기도의 집 운동이 무엇인지를 분명히 알았고, 동기부여와 목표가 선명했다. 이를 통해 법궤 신드롬을 범하지 않을 수 있었다.

이것을 분명히 하려면 학교를 만들 필요가 있다. 장단기 인턴십을 통해서 기도의 집 운동이 무엇인지, 왜 이 운동에 동참하려고 하는지 가르치라. 기도의 집을 세우는 것은 결국 사람을 세우는 것이다.

어떻게 할 것인가

이것을 우리는 다른 말로 '시간표 짜기'라고 한다. 기도의 집 운동을 왜 해야 하는지 비전과 사명이 생겼다면 어떻게, 어디부터, 얼마나 시작할 것인지 설계해야 한다. 최소의 에너지로 최대의 효과를 가져올 수 있는 계획을 잡는 것이다.

거듭 얘기하지만 24시간 신드롬을 버리고 가장 효과적으로 충만히 예배하고 기도할 수 있는 계획을 세워야 한다. 그러나 시작하는 기도의 집에 다윗처럼 예배에 사로잡힌 자원자가 있다면 그를 지치지 않을 만큼 열어주어도 좋다.

기도의 집은 시편 27편 4절에 근거하여 첫째도 둘째도 예수님을 사모하는 그것에 초점을 둔다. 하루에 두 번 또는 세 번 정도, 아침과 저녁 등등 교회의 자원과 자원자들의 분량에 맞게 편성표를 만들라.

지속하기

시작도 좋지만 끝까지 가는 것이 더 중요하다. 헌신자들이 지속적으로 성장할 수 있도록 영적인 공급을 하는 것이 리더들의 역할이다. 또한 다윗이 그렇게 한 것처럼, 그들의 실제적인 필요를 최소한 공급하고 책임져주는 것이 매우 중요하다.

세상의 비웃음을 넘어 헌신한 20대의 삶

　기도의 집에서 20대의 7년을 섬기며 어느덧 30대가 되었다. 헌신하기 전에는 음악대학을 졸업했지만 일찍 돌아가신 아버지의 빈 자리를 채우느라 생계를 위해 가장 역할을 하며 살았다. 그러던 중에 더크로스처치에 오게 되었고, 얼마 지나지 않아 기도의 집에 헌신하게 되었다. 처음에는 정말 쉽지 않았지만 주권적인 주님의 이끄심에 모든 생계와 환경을 내려놓고 그분께 맡겨드렸다.

　많은 걱정과 후폭풍에 대한 두려움이 있었다. 헌신한 지 일주일도 되지 않아 거센 북풍이 찾아왔다. 감당하기 힘든 일들이 쓰나미처럼 나를 덮쳤다. 그래서 '이곳이 내 부르심의 자리가 아닌가? 주의 전을 사모하는 것이 그저 내 욕심인가? 내 마음의 서원이 예수님의 뜻이 아닌가?'라는 생각이 들었다.

　부르심 가운데 나아가는 한 걸음 한 걸음이 너무나 힘겨웠다. 삶을 포기하고 다 끝내버리고 싶은 생각도 들었다. 그러나 내게 맡겨진 자리를 지켰고, 예수님이 불러주신 그 자리에서 그분의 신실하심과 사랑을 계속 노래했다. 그러던 어느 날, 예배를 통해 주님의 음성을 들었다.

　'지금 서 있는 그곳이 내가 너와 가장 함께 있고 싶은 자리란다.'

　그리고 시간이 지나자 여러 가지 돌파와 열매가 있었고, 그것이 가정에도 흘러갔다. 사실 지금도 계속 찾아오는 문제와 환경들과 씨름하고 있다. 주님이 나를 정금과 같이 나아오도록 단련시키고 계신다. 가족도 친구도 젊음의 때에 이곳에 있는 나를 향해 손가락질을 한다. 적당히 하라고, 시간 낭비라고, 바보 같은 짓이라고 한다. 그러나 나는 20대를 주님께 모두 드린 것이 하나도 아깝지 않다.

조미선 중보기도 선교사

깨진 자아의 회복과 치유가 일어나다

하나님께서는 내가 온전한 가정을 누리도록 창조하셨지만, 사탄은 내가 그분께 나아가지 못하도록 끌어내렸다. 아버지는 알코올 중독 수준으로 거의 매일 술에 의지하셨고, 어머니와 다툼이 잦아지면서 폭행과 외도를 일삼으셨다. 나는 오빠의 폭행에 시달렸다. 사탄은 나를 끊임없이 참소했고, 나는 점점 살 소망을 잃어버렸다. 그러다 학업을 핑계 삼아 도망치듯 서울로 올라왔고, 더크로스처치에 오게 되었다.

그러던 어느 날, 한 사역자가 내게 부르심을 놓고 기도해보라고 했고, 그 말이 내 심령 안에 강하게 새겨졌다. 기도를 하던 중 다양한 방법을 통해 부인할 수 없는 예배자로서의 부르심을 발견하게 하셨다. 그와 동시에 기도의 집에 머물러 있을 때마다 내 내면의 깊은 상처가 회복되기 시작했다.

하나님께서 내 안에 깊이 박혀있던 그분에 대한 오해를 직면하게 하시고 거룩한 씨름을 하게 하셨다. 또한 기도실 안에서 여태껏 누리지 못한 말씀의 깊은 입맞춤을 경험했다. 스스로를 작다 여기며 사랑하지 못하고 존귀하게 여기지 못했는데, 주님의 존귀하고 아름다운 신부로서의 정체성을 회복케 하셨다.

나는 예배 안에서 이전에는 느끼지 못했던 즐거움과 기쁨을 누리게 되었다. 말씀을 통한 계시들을 통해 기쁨과 감사의 눈물을 흘렸고 많은 영역을 중보하며 하나님의 마음을 알게 되었다. 하나님께서는 이 기도의 집을 통해 나를 부르신 목적을 발견케 하셨다. 내가 이 일을 위해 지어졌다는 것을 알게 되었다. 그리고 하나님의 임재 안에 있을 때 가장 큰 안정감을 누리게 되었다.

지금 나는 예배할 때 가장 행복하다. 기도의 집의 많은 동역자들과 함께 믿음으로 걸어가면서 서로의 힘이 되어주며, 주님의 몸으로 지어져 가는 공동체로, 하나님의 교회로 지어져 감이 은혜이다. 내 삶, 내 젊음을 밤낮으로 제단 위에 태워 예수님의 오심을 예배하는 이 부르심이 가장 높은 부르심이며, 우리가 그분께 드릴 수 있는 최고의 거룩한 향유 옥합이기에 이 향기를 계속 올려드리고 싶다.

손에스더 중보기도 선교사

동성애의 치유와 영적인 회복

현대에는 사람들이 죄를 짓는 것에 무디어졌을 뿐 아니라 죄악을 합법화하기에 이르렀다. 그 중심에 있는 문제는 단연 동성애일 것이다. 오히려 그것이 틀렸다고 말하는 사람들을 핍박하는 시대다. 이런 현상은 이 시대가 죄악이 가득 찼으며 예수님의 심판과 재림이 임박하였음을 나타내는 징조가 아닐 수 없다.

나는 어릴 적에 친척 형으로부터 동성애 경험을 했고, 청소년기에 친구들을 통해 비슷한 경험을 했다. 고교시절에는 한 연예인의 커밍아웃을 통해 동성애 커뮤니티를 알게 되었고, 이후 그 안에서 생활했다. 성인이 되었을 때는 더 이상 벗어날 수 없을 정도로 중독이 되었다.

모태신앙으로 어릴 적부터 교회에 나갔고 예수님을 구주로 믿었지만 동성애의 죄는 끊어지지 않았고 계속 이중적인 생활을 이어갔다. 그런데 성인이 된 후에 '거듭남'이라는 단어가 나를 흔들었다. 깊은 죄에 대한 고뇌가 시작되었고, 내 삶이 옳지 않다는 결론에 이르렀다.

그래서 신앙이 좋은 친구를 만나 상담도 해보고, 여러 집회에도 다녀보고, 스스로 끊어보려고도 했다. 그러나 10년 넘게 이어온 죄의 습관을 끊기란 쉽지 않았다. 그러던 중에 박호종 목사님을 만났고, 교회에 출석하게 되었다. 죄와 씨름하던 어느 날, 결심을 하고 짐을 싸서 무작정 교회로 향했다.

교회의 문을 열고 들어가자 찬양이 울려 퍼지고 있었다. 그날 예배시간에 성령님이 나를 만져주셨다. 내 죄가 씻기는 것을 경험했다. 내 모든 짐의 멍에가 부러지는 것을 경험했다(하지만 동성애가 단번에 끊어지지 않았고, 이후 많은 기도와 예배를 통한 영성 훈련과 공동체의 교제 및 가족 됨을 경험하며 서서히 끊어졌다).

그때에 "평생 예수님의 성전 문지기가 되어도 좋습니다"라는 시편의 고백을 주님께 올려드렸다. 그즈음 교회는 24시간 기도의 집을 하기로 선포했다. 나는 주저 없이 스태프로 지원했다. 기도의 집이 무엇인지 잘 몰랐지만 주일에만 모이는 교회보다는 누구나 언제든지 와서 기도하고 찬양할 수 있는 교회가 있는 것만으로 좋다고 생각했다.

그리고 교회에 머물며 밤낮으로 주님을 찾고 구했다. 주님은 그런 내게 많은 은혜를 베풀어주셨다. 약해진 육체를 치유해주시며, 생각조차 할 수 없었던 결혼과 자녀까지 허락해주셨다. 무엇보다 부르심 없이 멋대로 살던 나를 부르심의 자리로 이끄시고, 그 목적대로 살게 해주셨다.

숭실대 CCM과(작곡 전공)를 졸업했지만 쓸데없는 전공이라 여기고 묵

허두었던 내 낡고 둔한 '음악'이라는 무기를 기도의 집에서 사용하게 되었다. 처음에는 익숙하지 않고 어설펐지만 해가 지날수록 음악의 칼날이 날카롭고 견고해짐을 느꼈다.

그렇게 만난 기도의 집은 내게 깊은 우물과 같이 땅 속에 감추어져 있던 보배와 같았다. 땅과 하늘이 만나는 곳, 죄악이 의로움의 옷을 입게 되는 곳, 하나님의 마음이 머무는 곳, 우리의 신랑 되신 한 분 예수 그리스도를 기다리는 곳이 기도의 집이었다.

박진권 중보기도 선교사

사업을 통해 기도의 집을 섬기다

나는 33세의 젊은 사업가이다. 한 기업의 최고 이사직을 맡고 있고, 최근에 또 한 기업을 창업하여 섬기고 있다. 이전에는 부르심을 따라 10여 년 동안 무보수 드러머로 헌신하며 예배자로, 기도의 집 사역자로 섬겼다. 그러던 중 하나님께서 '사업'이라는 또 다른 부르심으로 기도의 집과 선교사들에게 재정을 공급하는 일터 사역자로 내 영역을 전환시키셨다.

그 첫 걸음을 내딛기까지 두려움이 있었지만 사업도 예수님을 예배하는 예배자의 모습임을 믿고 도전하며 그 부르심을 따라 순종했다. 내게 주어진 영역에서 예배자로 살면서, 기도의 집과 그것을 이루기 위해 헌신하는 자들의 삶을 더 많이 이해할 수 있었다.

그 순종을 통해 내 안에 새로운 소망이 생겼다. 그들에게 재정을 흘려보내는 통로가 되길 원하게 되었다. 그들에게 맡겨진 사명을 온전히 감당하며 하나님을 깊이 예배함으로 그 영이 더 많은 자들에게 흘러가 하나님나라가 세워지길 바라는 거룩한 꿈을 꾸게 되었다.

신실하신 주님은 이 비전을 이루기 위해 동역자, 즉 현재 회사의 대표를 만나게 하시고, 동일한 꿈을 꾸며 함께할 직원들을 모으게 하셨다. 회사는 기독교 언론에서 주목하고 소개할 만큼 기적적으로 빠르게 성장하고 있다.

나는 세상과 구별된 기업, 하나님께 경영권을 맡기고 그분이 세우시는 기업이 되길 기도한다. 성경적 가치와 부어주신 사명 속에서 기도와 예배가 중심이 되는 기업으로 회사를 운영하기 위해 날마다 도전하지만 때로는 이것이 참 불편하다. 눈앞에 이익이 보이지만 세상과 구별되기 위해 포기하고 내려놓아야 했던 순간들도 있다. 그럼에도 불구하고 주님은 이 기업을 경영하신다.

창업 3년이 되던 해, 하나님이 주신 소원대로 기도의 집 풀타임 선교사 수 명에게 천여만 원을 후원할 수 있는 은혜를 부어주셨다. 나는 이 일들이 더 확장되어 이 나라와 열방에 더 많은 기도의 집이 세워지고 운영되길 기도한다. 더 많은 기도의 용사들이 세워지기를 소망한다. 또한 더 많은 기업들이 동참하며 헌신하기를 갈망한다. 예수님이 주신 재정을 통해 열방에 흩어져 섬기는 선교사들과 기도의 집을 더 든든히 세울 수 있기를 간절히 기도하고 소망한다.

황민호 (주)세스디 최고경영이사

일본인으로 기도의 집에 헌신하다

나는 1998년에 교환학생으로 한국에 온 일본인이다. 2000년에 서빙고의 어린이집에 취직해서 원장님의 권유로 교회에 다니기 시작했다. 예수님을 영접하고, 세례도 받았다. 직장에 다니면서 교회에서도 많은 사역을 열심히 해왔다.

하지만 일본에 대한 어떤 비전도 희망도 갖지 않았다. 그래서 교회에 일본어 예배가 있어도 안 가고 오랫동안 청년부에서 신앙생활을 했다. 그러던 중 2011년에 일본의 우리 집 근처 지역에 대지진이 일어나는 걸 보면서 일본을 위해 기도해야겠다고 마음먹었다.

일본 대지진을 계기로 일본의 교회들이 일어나기 시작했다. 특히 젊은 사람들이 교파와 교단을 넘어 하나가 되어 기도하는 모습들이 보이기 시작했다. 나는 나가사와 목사님과 신고 목사님이 인도하시는 기도회에서 일본을 위해 주님의 일을 하고 싶다는 생각을 갖게 되었다. 그래서 일본어 예배에 다니게 되었고, 내 인생을 주님께 드리며 주님을 위해 살고 싶다고 결심했다.

이직을 하여 2012년부터 다니던 여행사가 부도가 났다. 그래서 나는 '일본으로 돌아가야 할 때인가 보다'라고 생각하며 준비를 했다. 그러던 중에 누군가가 한 교회에서 10주 동안 스쿨을 하는데 일본어 통역자를 구하고 있다고 소개해주었다.

면접을 보러 갔더니 통역알바가 아니라 통역봉사였고, 스태프로 참여하면 수업료를 반만 내도 된다고 했다. 돈을 받아도 할까 말까인데 돈을 내라고 해서 정중히 거절하려고 했더니 돈을 안 내도 되니까 도와달라고 했다. 나중에 알고 보니 내가 잘 아는 신고 목사님과 나가사와 목사님도 오신다고 해서 통역봉사를 하기로 결정했다. 그것이 KHOP의 선두주자 7기였다.

선두주자 스쿨을 들으면서 주님을 향한 갈망과 열정으로 그분께 삶을 드릴 수 있는 길이 있음을 알게 되었다. 그래서 그 스쿨이 끝날 때 레위인으로 헌신하게 되었다.

설레는 마음으로 기도의 집에 첫 출근하던 날, 일본에 계신 아버지가 뇌출혈로 쓰러지셨다. 결국 아버지가 돌아가셔서 어려운 시간을 보냈지만, 나는 내 부르심과 비전을 찾았기에 포기할 수 없었다. 그래서 다시 한국에 돌아와 레위인으로의 삶을 산 지 3년째이다. 앞으로 KHOP을 통해 일본, 중국 등 아시아에 수많은 기도의 집들이 생기리라 믿는다.

마츠카네 유키요 중보기도 선교사

살아냄과 나이트워치(night watch)

어느 날 교회에 일본인 목사님이 오셔서 "저는 예수님이 정말 좋습니다"라는 고백을 하셨다. 이 말이 내 영을 크게 감동시켰다. 당시 나는 신대원에 다니고 있어서 기도의 집에 명분상 파트타임으로 헌신을 했다. 그런데 잘 되던 기도가 되지 않고, 무언가 주님의 몸 된 교회를 위해 사랑을 표현하고 싶어졌다.

그때 '기도의 집에서 나의 아름다움을 사모할 수 있겠니?'라는 듣고 싶지 않은 음성을 듣고 마음이 떨렸다. 당시 나는 학위도 받고 싶고, 가족들에게 보일 만한 직함도 갖고 싶었다. 그래서 내면에서 올라오는 세상의 기준과 씨름하면서 기도실에 머물렀다. 그동안 나를 더 개발하고 새로운 것을 배우는 것을 당연하게 여기면서 살았다. 하지만 기도실에 머물면 내가 원하는 것을 할 수 없음을 알게 되었다.

예수님의 존귀와 아름다움이 어느 때부터 내 마음에 부어지기 시작했다. 그래서 신대원에 휴학계를 내고 기도의 집에서 나이트워치라는 시간대를 섬기게 되었다. 자정부터 아침까지 기도실에 있는데, 이 시간은 참 신비한 시간이다. 이 시간에 도시와 나라를 믿음으로 파수한다.

어떨 때는 영적 중압감이 들기도 하고, 기도가 되지 않는 날도 있다. 내면에서 '나는 이 밤에 여기서 뭘 하는 거지?'라는 생각이 올라오기도 한다. 공급을 받기보다는 매일 에너지를 산출해야 하기 때문에 영적인 소모가 크다.

'만약 다윗이 자신의 인생을 학자로 드렸다면, 누가 이스라엘을 위해서 싸우며 나라를 지켰을까?'

이런 믿음으로 밤에 전사처럼 싸우기 시작했다. 그리고 계속 '거룩'을 구했다. 그런데 신기하게도 내 영과 몸이 살아나는 것을 경험했다. 기도의 집의 삶을 통해 영적인 전사가 된다는 것이 무엇인지 실제로 경험한다.

낮에는 기간제 교사로 다음세대를 섬기고, 밤에는 기도의 집 나이트워치를 하면서, 이것이 행복이고 가치있는 삶임을 깨닫고 누리며 살고 있다.

김은형 중보기도 선교사

전 세계의 교회들이 반드시 회복해야 할 본질

대학교 졸업 직후, '24시간 기도의 집'을 하는 어느 선교단체(현재는 해체됨)에 들어가게 되었다. 그러나 점점 시간이 흐르자 '기도의 집'의 방향성에 대한 모호함이 생겼다. 계속 해야 하는 사역이라는 생각이 들지 않아서 결국 나오게 되었다. 당시는 '기도의 집'이라는 것을 단순히 어떤 사역의 일종으로 이해했기 때문이었다.

그 후에 바로 기도의 집을 하고 계셨던 박호종 목사님의 교회로 가게 되었다. 대학생 시절, 캠퍼스 기독교 동아리를 통해 자주 뵈었기에 그분에 대한 신뢰가 있었다. 기도의 집에 대한 메시지나 흐름에 대해서는 동의하며 좋아했지만 내심 수동적인 태도로만 있고 싶었다.

　그렇게 몇 년간 다니는 동안에 내 영이 서서히 회복되고 성장하자 오래 전부터 품었던 일본 선교에 대한 마음이 다시 불타올랐다. 당시 우리 교회는 일본과 접촉점이 없어서 일본 선교를 전문으로 하는 단체와 협력하여 '선교 훈련생'으로 파송을 받는 길을 택했다. 목사님은 기도의 집을 통한 선교의 방법도 권유하셨으나, 나는 일부러 한국교회가 오랫동안 해왔던 일반적인 방식의 선교의 길을 택했다.

　그렇게 일본 땅으로 건너가 살면서 수많은 현지 교회들을 방문할 기회가 있었다. 한국인 선교사님들과 현지인 목회자 밑에서 많이 보고 경험했다. 그러나 여전히 일본 선교에 대한 방법론이라든지 구체적인 큰 그림이 잘 그려지지 않았다.

　일본 현지 교회의 성도 수는 너무나 적었고, 평균 연령대가 매우 높았으며, 다음세대는 좀처럼 보기 힘들었다. 그 땅에서의 전도는 생각보다도 상당히 어려운 과제였고, 잘 통하는 선교의 방법도 딱히 없었다. 선교사나 현지인 목회자들이 매우 어려운 상황에서 오랜 세월을 열심히 사역해도 열매는 너무 희박했다.

　나는 한국어를 가르치는 일을 통해 관계 전도를 하면서 일본인 목사님을 도와서 교회를 섬겼다. 그러던 중, 타 지역에 살고 있던 신학생 친구를 따라 우연히 한 교회를 방문하게 되었다. 문을 열고 교회 안으로 들어서자, '24시간 기도의 집'이라고 일본어로 쓰인 팻말이 보였다. 예배당 안으로 들어서자 여태까지 다른 일본교회들에서는 좀처럼 경험할 수 없었던 강력한 성령의 임재가 나를 휘감았다. 그리고 많은 젊은이들이 뜨겁게 예배하는 광경을 보게 되었다.

　나는 그 자리에서 오열할 수밖에 없었다. 대학교 졸업 후에 섬겼던 기도의 집 공동체에서 일본에 기도의 집들이 세워지기를 간절히 기도했던 기억이 떠올랐다. 나는 어느 새벽에 '내가 일본에 밤낮으로 나를 경배하는 자들을 일으키겠다'라고 말씀하시는 하나님의 음성을 들은 것이 떠올랐다.

하나님께서는 실제로 역사하고 계셨다. 이날 나는 선교에 대한 하나의 방법론을 뛰어넘어서 일본에 임할 큰 부흥, 그리고 마지막 때에 열방에서 일어나게 될 대부흥의 씨앗을 발견했다. 나는 다시 한국에 돌아와서 KHOP(한국 기도의 집)에서 중보기도 선교사로 평생을 헌신했다.

박호종 목사님의 메시지를 통해 기도의 집에 대해 다시 깨닫게 되었다. 기도의 집은 단순히 어떠한 사역의 일종이나 한 시대의 유행이 아니라, 모든 교회가 반드시 회복해야 할 본질이라는 것이다. "내 집은 만민이 기도하는 집"(사 56:7 ; 막 11:17)이라고 하신 말씀이, 전 세계의 모든 나라 가운데에 이루어지기를 소망하며 기도한다.

박아름 중보기도 선교사

십자가의 자리, 중보의 자리

모태신앙이었으나 2009년 3월에 성령님을 처음 알고, 그해 6월에 거듭남을 경험했다. 이후 하나님의 인도하심 가운데 한국 기도의 집 선교사로 2011년 9월부터 헌신을 시작했다.

기도의 집에서 중보 선교사로 산다는 것은 하나님과 타인을 위한 삶이다. 위로는 하나님을 섬기며 그분을 높이는 '예배'를 하고, 옆으로는 이 나라의 각 영역에 하늘에서 이루신 뜻이 이뤄지도록 '기도'한다.

첫째 계명과 둘째 계명을 지키는 것이 곧 중보기도 선교사들의 일이다.

우리는 하루 8시간씩 일반 직장처럼 출근하고 퇴근한다. 아무도 우리에게 돈을 주지 않는다. 그러나 우리는 일류라는 믿음을 가지고 누구의 감시도 통제도 없이 자발적으로, 자비량으로 기도와 예배하는 일을 직업으로 가진 자들이다.

이처럼 중보 선교사의 삶은 '예배와 기도'의 삶이다. 그런데 '중보기도'가 가장 높은 부르심이라는 것에는 동의했지만, 막상 기도를 하려고 하면 너무나 어렵게 느껴졌다. 내 문제도 산적해 있는데, 남을 위해 씨름하며 기도를 할 여유가 없었다. 내면의 많은 상처들과 영적인 미성숙함, 남을 사랑하기 어려운 이기적인 상태는 기도의 삶으로 나아가지 못하게 했다.

그러나 기도의 집에서 6년 넘게 중보자의 자리에 서게 되었고, 그 가운데 하나님의 뜻을 구하고 이루는 중보를 배워나갔다. 십자가를 지는 삶을 배운 것이다. 중보자들은 이 땅에 어린양의 피를 선포한다. 그리스도의 남은 고난을 내 육체에 채우는 것은 단순한 고난이 아닌, 중보자로 서는 것이다. 그래서 중보는 십자가 사역이다. 중보기도 선교사는 십자가를 사는 자들이다.

세상은 십자가를 수치스러운 것으로 본다. 십자가를 진 자는 마치 실패자, 진 자와 같다. 실패의 자리, 그렇게 보이는 자리로 갈 수 있는가? 그러나 그 자리에서 우리는 성공한다. 십자가는 하나님의 능력이며, 중보자들은 십자가로 승리한다. 우리는 목숨을 구원하려 하면 잃고, 목숨을 잃으면 찾는 신비를 경험한다. 기도할 수 없던 나를 십자가로, 중보자의 자리로 초청하신 하나님을 찬양한다.

황수선 중보기도 선교사

기도의 집을 세우라

초판 1쇄 발행   2017년 7월 3일
초판 12쇄 발행 2022년 8월 19일

지은이   박호종

펴낸이   여진구
책임편집   김아진
편집   이영주 정선경 최현수 안수경 김도연 정아혜
책임디자인   마영애 노지현 | 조은혜
홍보·외서   진효지
마케팅   김상순 강성민 허병용   마케팅지원 최영배 정나영
제작   조영석 정도봉   경영지원   김혜경 김경희 이지수

303비전성경암송학교 유니게과정   박정숙 최경식
이슬비전도학교 / 303비전성경암송학교 / 303비전꿈나무장학회

펴낸곳   규장

주소 06770 서울시 서초구 매헌로 16길 20(양재2동) 규장선교센터
전화 02)578-0003   팩스 02)578-7332
이메일 kyujang0691@gmail.com   홈페이지 www.kyujang.com
페이스북 facebook.com/kyujangbook   인스타그램 instagram.com/kyujang_com
카카오스토리 story.kakao.com/kyujangbook
등록일 1978.8.14. 제1-22

책값 뒤표지에 있습니다.
ISBN 978-89-6097-502-6 03230

이 도서의 국립중앙도서관 출판시도서목록(CIP)은 서지정보유통지원시스템 홈페이지(http://seoji.nl.go.kr)와
국가자료종합목록구축시스템(http://www.nl.go.kr/kolisnet)에서 이용하실 수 있습니다.
(CIP제어번호 : CIP2017015242)

규 | 장 | 수 | 칙

1. 기도로 기획하고 기도로 제작한다.
2. 오직 그리스도의 성품을 사모하는 독자가 원하고 필요로 하는 책만을 출판한다.
3. 한 활자 한 문장에 온 정성을 쏟는다.
4. 성실과 정확을 생명으로 삼고 일한다.
5. 긍정적이며 적극적인 신앙과 신행일치에의 안내자의 사명을 다한다.
6. 충고와 조언을 항상 감사로 경청한다.
7. 지상목표는 문서선교에 있다.

하나님을 사랑하는 자 곧 그의 뜻대로 부르심을 입은 자들에게는 모든 것이 合力하여 善을 이루느니라(롬 8:28)

Member of the
Evangelical Christian
Publishers Association

규장은 문서를 통해 복음전파와 신앙교육에 주력하는 국제적 출판사들의
협의체인 복음주의출판협회(E.C.P.A:Evangelical Christian Publishers
Association)의 출판정신에 동참하는 회원(Associate Member)입니다.